"Essens-Zeiten"

Eifeler Tisch-Szenen aus 100 Jahren

Begleitbuch zur Wanderausstellung
des Arbeitskreises Eifeler Museen (AEM)

Impressum

Herausgeber: Rheinischer Verein für Denkmalpflege und Landschaftsschutz e.V. in Zusammenarbeit mit dem Arbeitskreis Eifeler Museen (AEM)

Projektteam:
Bernd Blumenthal, Freilichtmuseum Roscheider Hof, Konz (B.B.)
Margitta Breuel, Eifelmuseum Blankenheim (M.B.)
Franz Josef Ferber, Daun (F.J.F.)
Burkhard Kaufmann, Kreismuseum Bitburg (B.K.)
Markus Krause, Landschaftsverband Rheinland, Rheinisches Industriemuseum Euskirchen (M.K.)
Klaus Ring, Eifelmuseum Blankenheim (K.R.)

Konzept und Ausstellungsgestaltung: Markus Zimmer-Berberich, Pommern (M.Z.-B.)

Figuren: Michael Bieg, Andernach

Fotografie: Thomas Naethe, Utzerath

Logistik und Transport: Landschaftsverband Rheinland, Rheinisches Archiv- und Museumsamt, Pulheim-Brauweiler

Textredaktion: Markus Krause

Bildredaktion: Margitta Breuel

Layout:
Manuela Jakobs
Markus Zimmer-Berberich, Margitta Breuel

Herstellung: Druckerei Anders GmbH, Niederprüm

Verlag: Verlag des Rheinischen Vereins für Denkmalpflege und Landschaftsschutz, Köln

ISBN: 3-88094-900-X

Das Projekt wurde dankenswerter Weise gefördert durch:

Nordrhein-Westfalen-Stiftung
Naturschutz, Heimat-und Kulturpflege

LVR Qualität für Menschen

Ministerium der Deutschsprachigen Gemeinschaft Belgiens

Stiftung Rheinland-Pfalz für Kultur

Ministerium für **Städtebau** und **Wohnen, Kultur** und **Sport** des Landes Nordrhein-Westfalen

Foto Seite 5: Im Zentrum der Ausstellung steht ein langer Tisch mit zahlreichen Eifeler Mahlzeiten.

Inhalt

"Essens-Zeiten"

oder: einige Gedanken zu einem ungewöhnlichen Ausstellungsprojekt

Ein klassisches Vorwort begänne: Die Personen der Ausstellung sind frei erfunden; Ähnlichkeiten mit lebenden oder verstorbenen Personen wären rein zufällig und sind nicht beabsichtigt. Oder etwa doch beabsichtigt?

Als vor einigen Jahren während einer Zusammenkunft des "Arbeitskreises Eifeler Museen" die Idee des Bitburger Kollegen Burkhard Kaufmann zu einer gemeinsamen Ausstellung zum Thema "Essen in der Eifel" auf spontane Zustimmung aller Teilnehmerinnen und Teilnehmer stieß, ahnte niemand, was sich das Ausstellungsteam damit an langwierigen Diskussionen und Recherchen aufgeladen hatte.

Zum einen galt es, eine Fülle von verstreuter Literatur und kleinen Berichten über das breitgefächerte Thema Nahrung und ihre Zubereitung zu sammeln und zu sichten. Über viele der gängigen Eifeler Nahrungsmittel konnten wir uns danach ein recht gutes Bild machen, zum Beispiel über die zentrale Rolle der Kartoffel, über Brot, Bier, Buchweizen und Viez. Ins Grübeln gerieten wir über Fragen wie: Ab wann ging man ins Eiscafé? Wer war der erste Pizzabäcker in der Eifel? Welche Gerichte standen in den 1930er Jahren auf der Speisekarte einer Gastwirtschaft? So wurde es unabdingbar, möglichst viele Zeitzeugen zu befragen, um hier Hinweise zu bekommen.

Das Ausstellungsteam fühlte sich zuweilen schier erschlagen von der Vielfalt der wichtigen Themen und der Materialien zum Projekt "Essen in der Eifel", einer Fülle, die in keiner Ausstellung und gewiss in keiner Wanderausstellung auch nur annähernd unterzubringen gewesen wäre. Auf welche Kernthemen sollten wir uns beschränken, welche vernachlässigen, und vor allem: Wie wollten wir der Gefahr begegnen, aus dem sinnlichen Thema Essen zwangsläufig eine "verkopfte" Flachwarenausstellung werden zu lassen?

Wir standen vor dem Scheitern unseres Ausstellungsprojektes. Ausstellungsmacher und Kollege Markus Zimmer-Berberich rettete es erfolgreich vor der Schublade, indem er die Idee der Darstellung eines gemeinsamen Mahls von Eifeler Individuen in die Diskussion einbrachte und damit sofort Bilder in den Köpfen und sprudelnde Umsetzungsphantasien erzeugte. Das Projekt "Essens-Zeiten" in der heutigen Form war geboren!

Bis zur Realisierung war es noch ein langer und steiniger Weg. Mit dem Wissen über gut 100 Jahre Wandlung der Eifeler Nahrungsgewohnheiten im Hinterkopf entwickelte das Ausstellungsteam die Figuren des Tisches und ihre fiktiven Biografien: 23 Personen zwischen 1883 und heute, die wichtige Abschnitte der historischen Entwicklung widerspiegeln. Sie verkörpern im wahrsten Sinne des Wortes ihre Zeit. Bis ins genaue Tagesdatum hinein ist die Fiktion getrieben: Jahreszeitabhängige Speisen, typische Sonntagsessen und die fleischlose Kost am Freitag - für Eifeler Katholiken eine Selbstverständlichkeit bis in die 1970er Jahre.

Alles an diesem Tisch ist Fiktion, die Figuren, ihre Biografie, die Zusammenstellung der Speisen. Dennoch haben lebende Personen ihre Köpfe und Hände zur Verfügung gestellt, um fiktive Personen lebendig werden zu lassen, die ihrerseits die Besucherinnen und Besucher an den einen oder anderen konkreten Menschen erinnern können.

Die historisch korrekt gekleideten Figuren stehen bis auf wenige bewusste Ausnahmen mit ihren Tischnachbarn räumlich, zeitlich und vom sozialen Status her nicht direkt in Verbindung: Diese Tischgesellschaft kann so niemals real existiert haben. Das ist der Spannungsbogen, in dem sich die Ausstellung bewegt: Der Vergleich der dargestellten Personen mit ihrem jeweiligen Essen wird bei Besucherinnen und Besuchern Fragen aufwerfen, vielleicht Befremden auslösen, auf jeden Fall aber neugierig machen auf die vielfältigen Hintergründe einer alltäglichen Angelegenheit.

Rund um den Ausstellungstisch können Reflexionen über das Essen in der Eifel und den Wandel der Nahrungsgewohnheiten seit dem Ende des 19. Jahrhunderts auf unterschiedlichen Ebenen stattfinden: zum einen über die dargestellten Nahrungsmittel selbst; ihre Erzeugung, ihre Verfügbarkeit zu bestimmten Zeiten, ihre Verbreitung und die Art ihrer Zubereitung. Dann aber auch über die soziale Zuordnung: Wer aß was? Wer konnte sich bestimmte Nahrungsmittel wie oft leisten? Wie drückte sich sozialer Stand im Essen aus? Welche Unterschiede gab es zwischen Alltags- und Feiertags- bzw. Festessen? Wie hat sich der Stellenwert des Essens über die Jahrzehnte verändert? Schließlich können die Figuren sogar zu Überlegungen über aktuelle gesellschaftspolitische und philosophische Fragen wie Mangel und Überfluss oder regionale und weltweite Erzeugung von Nahrungsmitteln anregen. Die in der Ausstellung angebotenen Informationen sowie das Begleitbuch mit seinen Hintergrundtexten, Dokumenten und historischen Fotos wollen hierzu Anstoß und Vertiefung bieten.

Begreift man den aufgebauten Tisch mit den Figuren als Installation, so wird deutlich, dass die Wurzeln der Ausstellung im künstlerischen Bereich zu suchen sind. Große Kunst weist immer über ihre eigenen Zusammenhänge hinaus, und so mag die "Tischgesellschaft" von Katharina Fritsch, bis vor kurzem zu sehen im Museum für Moderne Kunst in Frankfurt am Main, dem Ausstellungsmacher als Inspiration gedient haben, mit einem entscheidenden Unterschied: Aus der bewussten Einförmigkeit der Figuren bei Katharina Fritsch ist eine gleichzeitige (an einem Tisch) Ungleichzeitigkeit (alle Figuren gehören verschiedenen Zeiten an) geworden.

Mit Sicherheit lassen sich neben anderen künstlerischen Quellen für unsere "Essens-Zeiten" - man denke etwa an die unzähligen Abendmahlsdarstellungen - auch konkrete Ess-Situationen finden, die als Vorbild für unsere Tischgesellschaft taugen. Die Ausstellung macht sich bewusst die besondere Qualität des "an einem Tisch-Sitzens" zu Nutze, obwohl die Installation auch dann noch kraftvoll wirkt, wenn man - wie es an einigen Stationsorten der Wanderausstellung notwendig ist - die Gesellschaft auf mehrere Tische aufteilt.

Im Sinne der Erklärungsbedürftigkeit moderner Kunst (Walter Benjamin) wird diese Ausstellung vielleicht mehr Fragen offen lassen als letztlich beantworten. Ziel einer an Platz und Aufwand naturgemäß beschränkten Wanderausstellung kann es nicht sein, alle Aspekte des Essens in der Eifel erschöpfend zu erklären. Sie soll Besucherinnen und Besuchern vielmehr helfen, sich dem Thema "Essens-Zeiten" eher spielerisch-assoziativ als im streng wissenschaftlichen Sinne zu nähern.

Die Ausstellung ist damit ein Experiment, das es zumindest in der Eifelregion bislang so noch nicht gegeben hat. Der Arbeitskreis Eifeler Museen beschreitet nach bislang vier rein kulturhistorisch konzipierten Wanderausstellungen ("Notjahre der Eifel 1944 - 49", "Dünnbeinig mit krummem Horn", "Tafel, Griffel, Rutenstock", "Der Strom kommt!") nun einen neuen Weg in deren Konzept und Gestaltung.

Ein großer Dank gebührt daher dem Rheinischen Verein für Denkmalpflege und Landschaftsschutz, dass er sich im Bewusstsein dieses Experimentcharakters zur Übernahme der Trägerschaft für unsere Wanderausstellung und zur Publikation des Begleitbuches in seinem RVDL-Verlag entschieden hat. Gleiches gilt für das

Rheinische Archiv- und Museumsamt des Landschaftsverbandes Rheinland, das die Ausstellung durch die Übernahme von Versicherungs- und Transportleistungen tatkräftig wie finanziell nachhaltig fördert.

Ohne die großzügige finanzielle Unterstützung aus Mitteln der regionalen Kulturförderung des Landes Nordrhein-Westfalen, der Stiftung Rheinland-Pfalz für Kultur, der NRW-Stiftung Natur, Heimat und Kulturpflege sowie des Ministeriums der Deutschsprachigen Gemeinschaft Belgiens wäre dieses Projekt nicht zustande gekommen. Ferner gilt der Dank des Ausstellungsteams dem Kunsttherapeuten Michael Bieg für die gelungene und einfühlsame Arbeit der Erstellung und Überarbeitung der Kopf- und Handabgüsse, dem Fotografen Thomas Naethe für die ausdrucksvollen Farbfotografien, den Leihgeberinnen und Leihgebern von Fotos und Materialien sowie allen, die für eine der Figuren der Ausstellung "ihren Kopf hingehalten" haben, um ihr eine individuelle - wenn auch fiktive - Persönlichkeit zu geben und ihr "Leben einzuhauchen".

K.R. und M.Z.-B.

Geliehene Köpfe und Hände
Auch die Redaktionsmitglieder und der Ausstellungsmacher ließen ihre Gesichtszüge für die Ausstellung abformen.

Zum Leben zu wenig...

Sieglinde Balthasar, Kriegerwitwe, Drove, 11.Oktober 1947

"Ob Erwin, wenn er überhaupt zurückkommt, mich auch findet? Die Nachricht am ausgebombten Haus in Köln ist sicher nicht mehr zu lesen, aber er wird sich doch fragen, wo ich geblieben bin. Hier beim Onkel in der Eifel gibt's seit Wochen nur noch Kartoffeln mit dies und das, heute mit Möhren, vielleicht bald nur noch Kartoffeln ... Oder es gibt wieder Steckrüben, wie im Ersten Weltkrieg, von dem mir Mutter immer erzählt hat. Aber nach Köln zurückgehen ..., nein, lieber nicht! In den Städten müssen sie ja jetzt richtig hungern."

Kartoffeln und Möhren

500 g Möhren, 500 g Kartoffeln, Salz, Pfeffer

Kartoffeln in der Schale kochen, pellen und mit der Gabel zerdrücken. Möhren schälen, kochen und ebenfalls zerdrükken. Beides vermischen und mit Salz und Pfeffer abschmecken.

Da dieses Nachkriegsgericht so puristisch heute wohl keinem mehr schmeckt, kann man es auf folgende Weise verfeinern: Etwas zerlassene Butter hinzugeben, die Möhren zusätzlich mit Küchenkräutern (Sellerie, Petersilie, Lauch) oder mit Knoblauch kochen. Die gekochten Knoblauchzehen mit der Presse zerdrükken und mit untermischen.

A1
A2
A3
A4
A5
T1
T2
D*
C*
W-Brot
FETT

Notzeiten

Aufbewahrungskasten mit verschiedenen Lebensmittelmarken, nach 1945

"Zum Leben zu wenig, zum Sterben zu viel" lautete in der Zeit nach dem Zweiten Weltkrieg ein bekanntes Sprichwort. Dabei hatte der "verwaltete Mangel" vergleichsweise harmlos angefangen. Bereits wenige Tage vor Kriegsbeginn wurde zur "Sicherstellung des lebenswichtigen Bedarfs des deutschen Volkes" das Bezugscheinsystem und damit die Zwangsrationierung von Lebensmitteln eingeführt. Diese Maßnahme war lediglich ein letzter Schritt in einer Reihe von Bemühungen, das Deutsche Reich von Lebensmittelimporten aus dem Ausland unabhängig, das heißt autark zu machen. Die wertvollen Devisen sollten schließlich für Rüstungsgüter aufgespart werden. Bereits 1938 gab es etwa 25.000 Mütterberatungsstellen der NSV (Nationalsozialistische Volkswohlfahrt), in denen unter anderem Kurse für die Zubereitung "deutschen Essens" unter Verwendung heimischer Produkte abgehalten wurden. Sie wurden verstärkt auch in ländlichen Regionen wie der Eifel angeboten.

Während des Zweiten Weltkrieges wurden die Lebensmittelrationen immer weiter gekürzt, auch wenn sie zwischenzeitlich zur Hebung der "Kriegsmoral" wieder leicht angehoben wurden. Das geschah meist durch geschickt über das Jahr verteilte "Sonderzuteilungen", etwa zu Weihnachten. Allerdings war es nicht leicht, auch tatsächlich in den Besitz der Sonderzuteilung zu gelangen, oft nur mit viel Geschick und langem Anstehen oder mit Beziehungen.

Von diesem System des verwalteten Mangels war zunächst in erster Linie die Bevölkerung der Städte betroffen, obwohl auch hier jedes freie Fleckchen Erde als Gemüsegarten, Blumenkästen als Tabakpflanzungen und viele Hinterhöfe zum Aufstellen von Kaninchenställen genutzt wurden.

Landwirtschaftlich geprägte Regionen wie die Eifel waren da besser gestellt. Zwar drückte die zunehmend größer werdende Abgabenlast, doch konnte man diese zumindest partiell mit einer gewissen Geschicklichkeit umgehen. Mit Hilfe der Zentrifuge und einer zum Butterfass umfunktionierten Milchkanne wurde beispielsweise schwarz gebuttert, obwohl darauf - wie auch auf das Schwarzschlachten - hohe Strafen standen.

Die Lebensmittelversorgung im Eifel- und Moselraum verschlechterte sich erst in der unmittelbaren Nachkriegszeit, besonders im Winter

1946/47 - einem der härtesten seit Menschengedenken. Ein Vergleich von Lebensmittelkarten aus der Kriegs- und Nachkriegszeit zeigt, dass man während des Krieges vergleichsweise "üppig" leben konnte.

Die dramatische Verschlechterung war vor allem dadurch verursacht, dass durch die Kriegsereignisse 1944/45 weite Teile der Eifel stark in Mitleidenschaft gezogen waren: Dörfer und landwirtschaftliche Betriebe waren teilweise zerstört, die Viehbestände durch Evakuierungsmaßnahmen verloren, Felder und Wiesen stellenweise vermint oder durch sonstige kriegerische Ereignisse beeinträchtigt, Straßen und Eisenbahnlinien weitgehend nicht befahrbar.

So konnten Nahrungsmittel, Baustoffe zum Wiederaufbau, Saatgut, Düngemittel, kurz gesagt all die Dinge, die zu einem Neuanfang gebraucht wurden, nur schwer oder häufig genug gar nicht ihren Bestimmungsort erreichen. An allen Orten in der Eifel wurde, so gut es ging, improvisiert, um zumindest die eigene Versorgung aufrecht zu erhalten. Zudem stieg auch die Abgabenlast für die landwirtschaftlichen Betriebe, so dass aus Erzeugern bald selbst Bedürftige wurden.

Verglichen mit den Bewohnern der teilweise erheblich zerstörten Städte am Rand der Eifel, wie Köln, Bonn, Aachen, Trier oder Koblenz, ging es den Eifelern allerdings noch gut. Die Städter, die Verwandte auf dem Land besaßen, versuchten aufs Land zu ziehen. Gleichzeitig setzten die sogenannten "Hamsterfahrten" ein. Allerdings ist der Begriff "Hamstern" für diese Zeit eigentlich nicht ganz zutreffend: Niemand wollte im klassischen Sinne - wie noch während des Krieges - "hamstern", das heißt einen Vorrat an Waren anlegen. Statt dessen ging es vielen lediglich darum, das tägliche Leben und Überleben zu sichern. Schwarzmarkt und Tauschwirtschaft hatten sich neben der offiziellen Währung - bis zur Währungsreform 1948 war dies noch die Reichsmark - etabliert. Mit entbehrlichen Wertgegenständen und sonstigen Konsumgütern beladen fuhren die Städter aufs Land, um ihr Hab und Gut gegen Lebensmittel zu tauschen. Aus jener Zeit stammt das geflügelte Wort, mancher Bauer hätte sich neben seiner Wohnung auch noch den Stall mit Teppichen auslegen können.

Obwohl die Hamster- und Tauschfahrten immer mit der Gefahr verbunden waren, dass die Waren durch die Behörden beschlagnahmt wurden, nahmen sie bald schwer zu kontrollierende Ausmaße an. Ein Grund für den regen Reiseverkehr in Sachen "Organisieren" war auch das Angebotsgefälle in den einzelnen Regionen der Eifel und ihrem Umland. Im angrenzenden Ausland - etwa in Belgien und Luxemburg - kam das tägliche Leben viel schneller wieder in Gang als in Deutschland

Plakat aus dem Dritten Reich mit der Aufforderung, nicht zu hamstern

selbst. So entwickelte sich bald ein reger Schmuggel beispielsweise mit Kaffee, der zunehmend geradezu bandenmäßig organisiert wurde.

Quer durch die Eifel - entsprechend den heutigen Landesgrenzen Rheinland Pfalz / Nordrhein-Westfalen - verlief die damalige Zonengrenze zwischen der Französischen und der Britischen Zone (später Britisch-Amerikanische, so genannte "Bizone"). Auch zwischen diesen beiden Gebieten herrschte ein starkes Angebotsgefälle. Wein aus der französischen Zone wurde etwa gegen Vieh aus der britischen Zone getauscht. Wein gab es (etwa an der Mosel) genug, nur hatte die französische Besatzung den gesamten Altbestand und auch die Ernten der Jahre 1945-47 "blockiert", das heißt beschlagnahmt. Zwar hatte man manche Flasche und manches Fass Wein durch Verstecken oder Abmauern ganzer Kellerteile der "blocage" entziehen können. Zu einem größeren Tauschhandel kam es jedoch erst, als man mit gefälschten "deblocage"-Scheinen über den Wein verfügen und ihn als Tauschobjekt in Verkehr bringen konnte.

Da sich gerade in der französischen Zone durch die Evakuierungsmaßnahmen 1944/45 der Viehbestand erheblich vermindert hatte, wurde Wein gegen Vieh (etwa Ferkel) aus der britischen Zone getauscht, um eine, wenn auch illegale, Viehzucht in Gang zu bringen. Heute vermag man sich kaum vorzustellen, was es bedeutete, lebendes Vieh in stundenlangen Bahnfahrten, verbunden mit ungewissen Wartezeiten und unvermutet stattfindenden Kontrollen, über lange Strecken zu transportieren. Großvieh - etwa Kühe - wurde oft nachts über Schleichwege und Geheimpfade von einer Zone in die andere getrieben und tagsüber nach einem ausgeklügelten System in Verstecken verborgen. Die Behauptung, mancher Bauer, mancher Schmuggler in der Eifel habe sich in dieser Zeit ungebührlich bereichert, stimmt nur mit Einschränkungen. Denn für viele ging es um das nackte Überleben; auf ganz legale Weise - also von den auf Marken zugeteilten Lebensmitteln - wäre kaum ein Mensch satt geworden.

Man konnte allerdings den Küchenzettel auch mit anderen, "fast legalen" Mitteln aufbessern. Not macht bekanntlich erfinderisch, und so zogen ganze Familien in die heimischen Wälder um zu sammeln: Dem allgegenwärtigen Fettmangel begegnete man durch das Auflesen von Bucheckern. Mit Hilfe selbst gebauter Pressen gewann man ihr wertvolles Öl. Lagen nicht genug Bucheckern am Boden, ließ sich dem durch gezielte Schläge mit dem Hammer an den Stamm nachhelfen. Manche älteren Buchen zeigen noch heute deutliche Spuren dieser Bemühungen. Auch heimische Kräuter und Pflanzen, Pilze und Beeren wurden gesammelt. Manch wildes Gemüse (etwa Löwenzahn, Gänseblümchen oder Brennnesseln) wurde zum Kochen verwendet. So enthielt beispielsweise das Mitteilungsblatt für den Kreis Schleiden vom April 1946 Rezepte für die Zubereitung solcher und ähnlicher Pflanzen.

Alte, längst vergessene Gerätschaften wurden vom Dachboden hervorgekramt. Mit einem alten Kaffeeröster konnte man beispielsweise aus Eicheln eine Art Ersatzkaffee herstellen. Überhaupt wurde das Wort "Ersatz" groß geschrieben. Der bereits im Ersten Weltkrieg berühmt-berüchtigte Kunsthonig wurde wieder aktuell. Als Kartoffelersatz verwendete man wieder Steckrüben. So verfügte der Bürgermeister von Gemünd Ende 1945 die Ausgabe von Steckrüben an die Haushalte, da trotz vorhandener Bezugsscheine keine Einkellerungskartoffeln ausgegeben werden konnten. Besaß man Kartoffeln, wurden diese möglichst vollständig ausgenutzt. Pellkartoffeln essen hieß die Devise. Bereits während des Krieges war auf die Verschwendung, die mit dem Schälen von Kartoffeln verbunden war, aufmerksam gemacht worden.

Darüber hinaus wurde verboten, Weizenmehl im Brot zu verbacken (Erlass der Militärregierung des Kreises Ahrweiler vom Februar 1946). Als Ersatz diente Roggen- und Kartoffelmehl, manchmal wurde der Brotteig auch - illegalerweise - mit Sägemehl gelängt.

Um die Versorgung der Bevölkerung mit Getreide sicherzustellen, untersagten die Behörden das beliebte Ährensammeln - so eine Bekanntmachung des Bürgermeisters der Gemeinde Münstereifel-Land. An manchen Orten musste die Ernte sogar unter polizeilicher Bewachung eingefahren werden. Vorfälle dieser Art lassen zumindest erahnen, wie groß der Hunger in der Eifel damals gewesen sein muss.

M. Z.-B.

Care-Pakete

Schon bald nach 1945 erkannten die Besatzungsmächte, allen voran Amerikaner und Briten, dass die deutsche Bevölkerung ohne fremde Hilfe kaum mehr überleben konnte. Zu den besonders hilfebedürftigen Regionen gehörten die Großstädte sowie auch stark zerstörte Regionen wie die Eifel.

Amerikanische Wohltätigkeitsorganisationen trugen durch großzügige Sachspenden zur Existenzsicherung vieler deutscher Familien bei. Die Hilfsorganisationen konnten übrigens zunächst auf große Mengen an nicht mehr benötigter amerikanischer Armeeverpflegung zurückgreifen. So makaber es auch klingen mag: Der Abwurf der Atombomben über Hiroshima und Nagasaki hatte den Zweiten Weltkrieg in seiner Endphase erheblich verkürzt, so dass ein großer Teil der amerikanischen Armee wesentlich früher als geplant demobilisiert werden konnte. So gelangten Büchsenfleisch, Trockenmilch und Bohnenkaffee aus amerikanischen Armeebeständen in viele Eifeler Haushalte.

Die bekanntesten amerikanischen Hilfslieferungen waren zweifellos die so genannten CARE-Pakete - "CARE" war die Abkürzung für

CARE-Paket mit einigen konservierten Nahrungsmitteln

die englische Bezeichnung "Cooperative for American Remittances to Europe". Die Pakete waren nach einem vorgegebenen Ernährungsplan gepackt und sollten die Ernährung einer Familie für eine Woche sicherstellen. In so manchem Eifeler Haushalt finden sich auch gegenwärtig noch Reste der CARE-Pakete in Form von Kaffee- oder Trockenmilchdosen. Heute enthalten sie allerdings nicht mehr die einst begehrten Lebensmittel, sondern Kräutertees, Knöpfe oder Stopfgarne.

Buttercreme statt Greeßmealstaat

Agnes Winkel, Bauunternehmersgattin, Prüm, 5. Juli 1960

"Ja, uns geht es jetzt gut. Das Wirtschaftswunder hat auch vor der Eifel nicht Halt gemacht. Viele arbeiten ja jetzt in den Städten und bringen gutes Geld nach Hause. In die Fremde ziehen wollen sie aber nicht, sondern lieber ihr Häuschen in der Eifel haben. Davon hat auch die Baufirma meines Mannes profitiert. Er meint, wir können uns jetzt auch was gönnen. Ab und an geh' ich dann mit Freundinnen ins Café und führ' mein neues Kleid aus. Ich ess' ja so gern Kuchen, aber nicht die Buttercremetorten und Schwarzwälder Kirsch, die es jetzt überall gibt. Am liebsten esse ich so eine leckere Greeßmealstaat, die ist ganz typisch für die Eifel. Die gibt es nicht überall!"

Greeßmealstaat

(Grießmehlfladen)

Diesen Kuchen gibt es häufig in der Nord- und Westeifel.

Hefeteig:
20 g Hefe, 1Tl Zucker, 1/4 l Milch, 500 g Mehl, 75 g Zucker, 1 Prise Salz, 50 g Fett
Belag:
1 1/2 l Milch, knapp 200 g Grießmehl, 100 g Zucker, 1 P Vanillezucker, 3 Eier, 50 g Rosinen

Hefeteig wie üblich zubereiten. Für den Belag die Milch zum Kochen bringen. Den Grieß unter stetem Rühren nach und nach dazugeben. Vanillezucker, Zucker und Rosinen hinzufügen und das Ganze einige Minuten kochen lassen. Vorsicht! Grießmehl brennt leicht an, also stetig rühren! Von der Platte nehmen, das Eigelb mit einem Teelöffel Wasser verrühren und unter die Masse geben, öfter umrühren, damit sich keine Haut bildet. Zuletzt den steifgeschlagenen Eischnee unter die abgekühlte Masse heben. Den Hefeteig ausrollen, auf ein eingefettetes Backblech oder Tortenblech geben und einen Rand hochdrücken. Den Teig mehrmals mit einer Gabel einstechen. Die Grießmehlmasse darauf verteilen und mit etwas verquirltem Ei bestreichen. Im vorgeheizten Backofen auf der mittleren Schiene bei 200° 40-50 Minuten backen. Man kann den Grießmehlfladen mit Streusel bestreuen oder vom Hefeteig etwas zurückhalten und den Kuchen vor dem Backen mit Teigstreifen dekorieren.

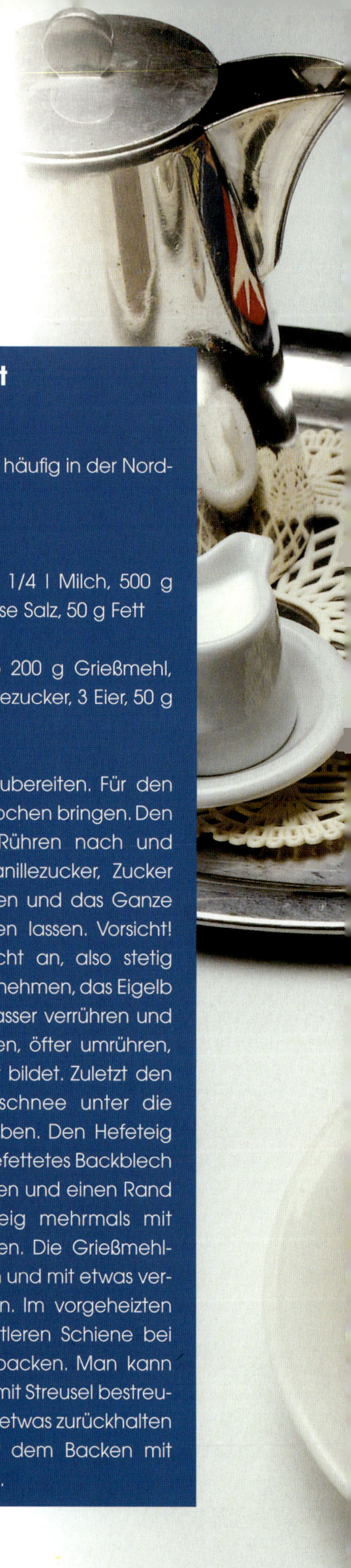

Marilyn Monroe:
MEIN
LEBEN
MIT

Fress-Welle

Grießmehlfladen in einer Originalform mit gewelltem Rand

Anfang der 1960er Jahre blühte die Wirtschaft in Deutschland nicht zuletzt auch aufgrund vieler privater Initiativen. Optimistisch schaute man in die Zukunft. Man war stolz auf das Erreichte, und "Made in Germany" wurde weltweit zum anerkannten Qualitätsmerkmal. Das Schlagwort "Wir sind wieder wer" spiegelt das Lebensgefühl der Zeit. Auch in der Eifel florierten die Betriebe. Zwar war der Prozentsatz der in der Landwirtschaft Beschäftigten in Deutschland von etwa 25 % um 1950 auf 14 % im Jahr 1960 gesunken, doch konnten sich die Erträge in der Landwirtschaft sehen lassen. Auch der Bauboom hatte vor der Eifel nicht halt gemacht. Der Lebensstandard eines Großteils der Bevölkerung war deutlich gestiegen. Dementsprechend hatte sich auch das Konsumverhalten verändert. "Alle sollen besser leben" war ein Postulat, das alle teilen konnten. Allerdings wirkten die Entbehrungen der Kriegs- und Nachkriegszeit bei vielen Menschen noch nach. Es wurde gespart, um sich größere Anschaffungen wie neue Möbel leisten zu können. Mit Ausdauer wurde auf ein Auto zugearbeitet, wenn man nicht schon eines hatte. Gerade in der Eifel mit ihrer steigenden Zahl an Pendlern wurde es zunehmend wichtig, mobil zu sein. Ganz abgesehen davon, entsprach es auch dem Trend der Zeit.

Der enorme Nachholbedarf der Menschen war besonders beim Essen und Trinken zu spüren. Man sprach in diesem Zusammenhang von einer regelrechten "Fresswelle". Und um 1960 war sie nun auch finanzierbar. Ein durchschnittlicher Industriearbeiter konnte sich jetzt etwa doppelt so viel für seinen Lohn kaufen wie 1950. Für ein Kilo Butter zum Beispiel musste er etwa zwei Stunden und 19 Minuten arbeiten. Ein Kilo Margarine hatte er bereits nach 47 Minuten erarbeitet und das Kilo Zucker nach 26 Minuten. Für ein Kilo Bohnenkaffee waren 6 Stunden und 15 Minuten Arbeitszeit erforderlich. Daher ist es nicht verwunderlich, dass 1950 noch 46 Prozent des Einkommens für Nahrungsmittel ausgegeben wurden, 1960 dagegen nur noch 36 Prozent. Da man anteilmäßig weniger Geld für Nahrungsmittel aufwenden musste, konnte man es sich leisten, mehr für Getränke wie beispielsweise den teuren Bohnenkaffee auszugeben. Übrigens lag der Konsum von Kaffee selbst 1986 mit 164 Litern pro Kopf und Jahr noch vor dem von Bier (146 l) und Milch (77 l). Auch heutzutage dürfte Kaffee das beliebteste Getränk sein, denn das Angebot ist noch reichhaltiger gewor-

Wohl bekomm's - Buttercremetorten!

Das Wirtschaftswunder blieb nicht ohne Auswirkungen auf das Nahrungsmittelangebot und die Essgewohnheiten. Dem Mangel der Kriegs- und ersten Nachkriegszeit folgten nun die "fetten" Jahre im wahrsten Sinne des Wortes. Besonders deutlich wird diese Entwicklung beim Kuchenangebot. Buttercremetorten, die "geschmeerten" Kuchen, standen nun hoch im Kurs. Sie wurden mit "guter Butter" gemacht. Jede Hausfrau, die etwas auf sich hielt, konnte zumindest eine oder möglichst verschiedene Sorten dieser kalorienträchtigen Torten zaubern. Allen gemeinsam war ein horrender Verbrauch an Buttercreme. Sie war nicht nur als mehrfache Schicht zwischen dem aufgeschnittenen Tortenboden zu finden, sondern hüllte den Kuchen auch komplett ein und zierte ihn mit vielerlei dekorativen und möglichst dicken Schnörkeln. Nicht nur die Dekoration forderte die Hausfrau, schwierig war es auch, der Buttercreme die richtige Konsistenz zu geben. Bewährte Rezepte wurden eifrig ausgetauscht, aber zuweilen auch als besonderes Geheimnis bewahrt. Die Torten wurden zu Geburtstagen oder anderen Feiertagen zubereitet. Am Sonntag zierten sie auch die Tortentheken der Bäckereien. Der Frankfurter Kranz erinnert noch heute an die üppigen Zeiten. Jeder hatte eine Lieblingssorte. Die Damen liebten es etwas süßer, für Herren gab es herbere Varianten. Nach heutigen Maßstäben hätte ein Stück gereicht, um satt zu werden. Damals gehörte es zum guten Ton, ein Stück von jedem Kuchen zu probieren! Man wollte sich und anderen etwas Gutes tun, und der Nachholbedarf war groß. Auch das Gefühl "wir können es uns leisten" spielte eine Rolle. Buttercremetorten waren so etwas wie ein Prestigeobjekt im Bereich des Kulinarischen. Und abends konnte man dann im Werbefernsehen einen Werbespot für "Rennie räumt den Magen auf" verfolgen...

Werbung für ein verdauungsförderndes Mittel aus den 1960er Jahren

Üppige Buttercremetorten zur Feier einer Kinderkommunion in Waldorf, Kreis Euskirchen

Vielfach geflickte Kaffeekanne aus dem Cochemer Raum

den: Cappuccino, Espresso, Café latte, Latte macciato usw. haben Kultstatus. Dazu kommt ein reichhaltiges Sortiment an Kaffeesorten.

Zu Zeiten des beginnenden Wirtschaftswunders sah das Kaffeeangebot noch deutlich anders aus. Man trank Linde's Kaffee, den mit den blauen Punkten auf der Packung oder den sprichwörtlichen Kathreiner in der Papp- oder Papierpackung. Malzkaffee war preisgünstiger als Bohnenkaffee und galt zudem als magenfreundlich. Sonntags aber gab es den "guten Bohnenkaffee", - mit diesem Slogan warb die Firma Jacobs für ihre Produkte. Bohnenkaffee verband sich untrennbar mit einer schönen Tischdecke, dem "guten" Sonntagsgeschirr, möglichst mit Goldrand, der Buttercremetorte oder anderen Köstlichkeiten und vielleicht noch mit einem Nelkenstrauß, den der Besuch mitgebracht hatte. Tchibo versprach eine sorgfältige Auswahl seiner Kaffeebohnen, während die Konkurrenz kühn behauptete: "Wer Onko trinkt, fühlt sich beschwingt". Die elektrischen Kaffeemühlen kamen in Gebrauch, und frisch gemahlener Kaffee war ein Zeichen für einen gehobenen Lebensstandard. Am Sonntag Nachmittag hörte man das mahlende Geräusch der Maschinen, dem alsbald der durchdringende Geruch des frisch bereiteten Kaffees folgte. Frauen, die dem schwarzen Getränk besonders zugeneigt waren, galten als sogenannte "Kaffeetanten". Sie trafen sich jetzt auch mal im Café zum "Kaffeekränzchen", denn endlich konnte man auch Geld für Freizeitvergnügen erübrigen. In Deutschland hatte sich das Konditoreicafé durchgesetzt. Dort trafen sich Frauen ohne ihre Ehemänner zum Kaffeetrinken und Plauschen. Dabei konnten sie dann auch spezielle Themen anschneiden. Vielleicht ließ sich sogar über Männer reden?! Der so genannte Kaffeeklatsch wurde auf jeden Fall Zielscheibe für Karikaturisten, was ihm allerdings nicht schadete. Cafés wurden und werden nach wie vor häufiger von Frauen als von Männern besucht.

Übrigens gehörte zum Bohnenkaffee ganz selbstverständlich die Kondensmilch wegen ihres besonders "sahnigen Geschmacks". Zudem gab sie dem Bohnenkaffee so eine schöne Färbung. Die Kaffeekränzchen waren in aller Regel auch mit dem Verzehr von Kuchen verbunden. Renner waren die Buttercremetorten, verlockende Kalorienbomben, die es in unterschiedlichen Geschmacksrichtungen gab. Heute werden Buttercremetorten im allgemeinen als zu schwer bekömmlich und kalorienträchtig empfunden. Daher haben sie vielfach den leichteren Sahnetorten Platz gemacht. Auch die immer noch gern verzehrten Teilchen waren bereits um 1960 erhältlich, wie zum Beispiel "Berliner", "Amerikaner" oder "Windbeutel". Auch die Kuchenarten, die mit Backpulver gebacken wurden und zwischen den Weltkriegen aufkamen, wie Marmorkuchen und Rodonkuchen, blieben begehrt. Zunehmender Beliebtheit erfreuten sich auch Mürbeteigböden. Sie wurden mit unterschiedlichen Sorten Obst belegt; zum Abschluss bekamen sie einen Tortenguss. Natürlich gehörte in den 1960er Jahren auch eine ordentliche Portion Sahne dazu.

In der Eifel begannen die neuen Angebote die für die Region typischen Backwaren zu verdrängen. Zu letzteren gehörten neben dem Weck aus Weißmehl, einer Art Hefestuten, auch Fladenkuchen, die sogenannten "Taats". Da das Brot in der Regel aus Roggenmehl gebacken wurde, war man besonders erpicht auf das Weißmehl aus Weizen, das für die Kuchen verwandt wurde. Taats gab es bereits um die Wende vom 19. zum 20. Jahrhundert. Basis war ein Hefeteig, der in große, runde Metall-Kuchenformen mit gewelltem Rand kam. Für den Belag gab es die unterschiedlichsten Varianten. Der älteste ist vermutlich der bereits vor 1890 bekannte Birnenfladen, der mit Mus aus getrockneten Birnen belegt war. Zeitgenössische Berichte besagen, dass die Kuchen wegen ihrer Höhe nur schwer zu essen waren, ohne eine Maulsperre zu bekommen. Eine vorsichtige seitliche Herangehensweise war geboten. Im Winter waren Fladen mit Mus aus getrockneten Pflaumen beliebt. Taats im Sommer mit frischen Pflaumen zu belegen, kam erst später auf. Auch getrocknete Äpfel wurden als Belag für Kuchen zu Mus verarbeitet. Da man ursprünglich in der Eifel keine für das Klima geeigneten Apfelsorten hatte und vermutlich auch Holzäpfel verarbeitete, belegte man erst später Fladen mit Apfelstücken. Wurden besonders große Stücke verwandt, nannte man sie scherzhaft "Muloptaat". Zuweilen versah man die Apfeltaats mit einem Teigdeckel, um sie besser transportieren zu können. Nahm man sie mit zur Kartoffelernte, wurden sie erstaunlicherweise "Kromperentoats" genannt. Eine andere Bezeichnung war "Altjungferntorten". "Moretaat" mit einem durch Zucker und Butter karamellisierten Belag aus Möhrenbrei gibt es heute nicht mehr. Auch "Fitschbonetaat" mit feingeschnitzelten Bohnen ist nicht mehr gebräuchlich. Rhabarbertorten gab es erst nach 1900, da die Stauden erst um diese Zeit eingeführt wurden. Eine weitere Fladenvariante war die "Greeßmealstaat". Belag war ein steifer süßer Grießbrei, unter den einige Eier gerührt wurden. Ein einfacher Fladen war die "Zuckertaat", die auch "Knepplaz" genannt wurde. Er war mit Zimt und Zucker bestreut und mit Butterflöckchen besetzt und wurde bald nach dem Backen gegessen, denn noch leicht warm schmeckte er am besten. Mit Zimt bestreute Streuselkuchen wurden häufiger, als der Zucker erschwinglicher wurde.

Bis zum Zweiten Weltkrieg hatte es noch zur Kirmes Birnenfladen gegeben, während er zur Hochzeit schon um 1925 nicht mehr üblich war. Nach 1960 ging der Genuss von Hefekuchen deutlich zurück. Allerdings stellte sich bei den Cremetorten bald eine Übersättigung ein, und die Hefekuchen erlebten eine Renaissance. Als Neuerung gab es sie nun auch mit Aprikosen oder Schattenmorellen belegt. Obst in Dosen machte die Bäcker unabhängig vom Obstanbau vor Ort. Trotz vieler konkurrierender Angebote bieten die Eifeler Bäcker bis auf den heutigen Tag Taats an. Werden die Fladen in den Originalformen gebacken, packt angesichts der Größe der Kuchenstücke manch einen Touristen ein durchaus freudiges Entsetzen.

M. B.

Für die Kirmesfeier wurden zahlreiche Fladen ins Backhaus gebracht, Winkel, Kreis Daun, 1941

Hartes Brot

Lebensmittel-Verkauf

Margarethe Klinkhammer, Magd, Hollerath, 20. Februar 1917

"Steckrüben, schon wieder Steckrüben... Das waren schöne Zeiten, als es noch Kartoffeln gab. Naja, der Hunger treibt's runter. Erst den Stall ausmisten und dann all die Hausarbeit, das macht hungrig. Jetzt erst mal satt essen, dann geht es heute Nachmittag noch an die Flachsröste. Bei dem Wetter ist das richtig unangenehm. Wenn ich wenigstens was Richtiges im Bauch hätte..."

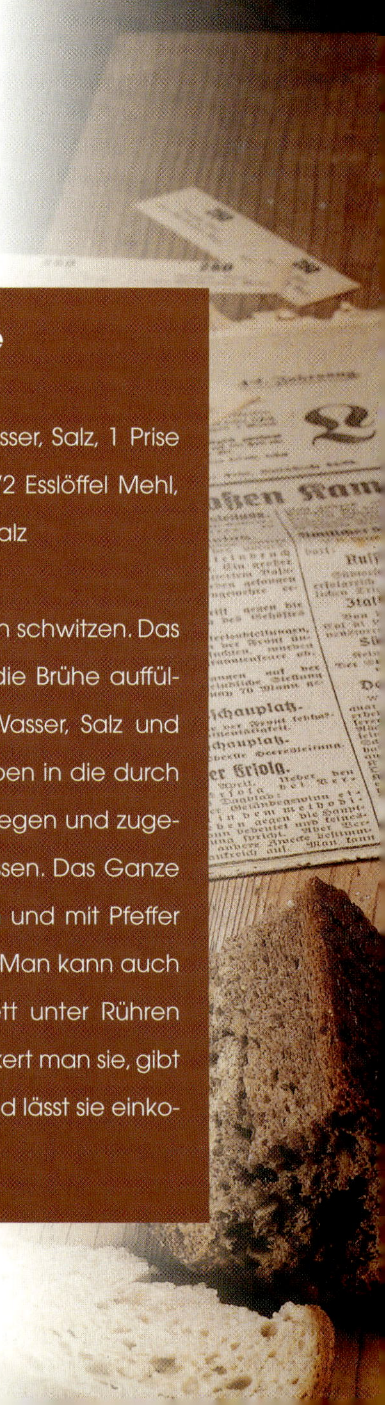

Steckrübensuppe

1 kg Steckrüben, 2 l Wasser, Salz, 1 Prise Natron, Fett, Zucker, 1 1/2 Esslöffel Mehl, 3/8 l Brühe, Pfeffer und Salz

Fett und Zucker hellbraun schwitzen. Das Mehl dazu rühren und die Brühe auffüllen. Die geputzten, in Wasser, Salz und Natron abgewellten Rüben in die durch ein Sieb passierte Soße legen und zugedeckt weich kochen lassen. Das Ganze kurz einschmoren lassen und mit Pfeffer und Salz abschmecken. Man kann auch die rohen Rüben im Fett unter Rühren braun braten. Dann zuckert man sie, gibt Mehl und Brühe hinzu und lässt sie einkochen, bis sie weich sind.

Mangelwirtschaft und Streckrüben

Sept. 1919

Ohne Karte keine Milch! Nicht übertragbar!

…arte ist bei jeder Veränderung der Karten-

…hrstrasse 80, Schalter 16 oder 17 vorzulegen.

Stadt Coblenz.

Geburtstag:

Ablauf:

Milch-Karte für Kinder

im 1. Lebensjahre

(Säuglinge)

Name:

Der Mangel wurde mit Bezugsscheinen verwaltet, Koblenz 1919

Schon bald nach Beginn des Ersten Weltkrieges hatte sich die anfängliche Begeisterung der deutschen Zivilbevölkerung gelegt. Sobald die hohen Menschenverluste an den Fronten bekannt geworden waren, machte sie einer ernsten, aber im allgemeinen immer noch zuversichtlichen Stimmung Platz. Nachdem England die Nordsee noch 1914 zum Kriegsgebiet erklärt hatte, war Deutschland praktisch von überseeischen Einfuhren abgeschnitten. Schon bald zeigte sich, dass dieser Krieg in weitaus größerem Maße als frühere Kriege auch die Zivilbevölkerung treffen würde. Von 1915 an mussten alle wichtigen Lebensmittel rationiert werden.

Lebensmittel, die grundsätzlich importiert werden mussten, wie zum Beispiel Reis, waren mit Kriegsbeginn praktisch nicht mehr erhältlich. Auch bei Getreide und Hülsenfrüchten kam es zu Engpässen. Im letzten Vorkriegsjahr waren 13 % des Getreides und 50 % der Hülsenfrüchte eingeführt worden. Noch schwieriger war die Situation bei den Futtermitteln für das Vieh: Hier waren vor dem Krieg etwa 80 % importiert worden. Durch die schnelle Mobilmachung und die Schwierigkeiten bei der Umstellung auf Kriegswirtschaft war schon 1914 ein großer Anteil der Roggen- und Haferernte verfüttert worden, was den Mangel an Brotgetreide zusätzlich vergrößerte.

Das zweite Grundnahrungsmittel der Deutschen, die Kartoffel, erwies sich in dieser Situation als willkommene Reserve. Vor dem Krieg war nur etwa ein Drittel der jährlichen Kartoffelernte für die menschliche Ernährung verwendet worden. Knapp die Hälfte hatte als Viehfutter gedient und der Rest war zur Stärkegewinnung genutzt oder zu Spiritus gebrannt worden. Mehr Kartoffeln auf den Tisch, musste die Devise also heißen. Dabei durfte die Verwendung als Viehfutter nicht eingeschränkt werden, um die Futtermittelknappheit nicht noch zu vergrößern. Dem Einsatz von Futtermitteln kam nämlich eine große Bedeutung zu, weil er direkten Einfluss auf die Versorgung der Bevölkerung mit Fleisch hatte. Hatte Deutschland vor dem Krieg praktisch auf Fleischimporte verzichten können, so drohte sich mit dem Futtermangel Fleischknappheit und zugleich ein Mangel an Milcherzeugnissen einzustellen.

Gemüse und Obst wurden im Reich in ausreichender Menge angebaut. Eine Ausweitung der Produktion erschien als probates Mittel, den Mangel in anderen Bereichen auszugleichen. In einer Broschüre des Reichsministeriums des Innern von 1915 mit dem Titel "Die Ernährung im Kriege" wurden die Bestellung brachliegender Flächen sowie die Trockenlegung von Mooren als geeignete Mittel zur Steigerung der Agrarproduktion genannt. Sogar die Bepflanzung der Geländestreifen längs der Bahngleise wurde empfohlen. Daneben wies die Broschüre auf die Notwendigkeit hin, die Erträge besonders von Kartoffeln auf bereits bebautem Ackerland zu steigern.

Für viele Bewohner der Eifel wirkten sich diese Maßnahmen - so kurios dies zunächst klingen mag - nur am Rande aus. Angesichts der bescheidenen Verhältnisse, in denen die große Mehrzahl der Eifeler ohnehin lebte, waren sie relativ wenig von äußeren Faktoren wie ausbleibenden Überseeimporten oder der Rationierung von Lebensmitteln betroffen. Die Kartoffel, mit der man die größte Not lindern konnte, gedieh gerade in der Eifel recht gut. Sie stellte etwa den gleichen Anspruch an das Klima wie der Hafer und vertrug außer schweren, kalten und feuchten Böden fast jeden Standort. Zu wirklichen Versorgungsschwierigkeiten kam es dagegen in den Ballungszentren. In der Eifel hatte man das Gemüse schon immer im eigenen Garten gezogen und das Schwein mit Speiseresten und notfalls auch mit Heu, Stroh, Kleien und Treber gefüttert. Dennoch erreichte die große Not letztlich auch die Eifeldörfer.

> Eine brave gewandte Person, kath. und **gesetzten** Alters, die alle Hausarbeiten und **gut** bürgerlich zu kochen versteht, kann eine **gute** und **dauernde** Stelle haben, auch event. gleich oder zu Lichtmeß eintreten.
> Bei wem sagt die Exped. d. Bl.

Es begann die Zeit des Sparens und der Ersatzstoffe. Wenn man Weizenmehl hatte, so streckte man es tunlichst mit Roggenmehl. Der Teig für Roggenbrot wurde, so lange es noch Kartoffeln gab, mit Kartoffelmehl versetzt. Man belegte das Butterbrot nicht mehr mit Wurst, sondern mit Käse. Auch wurde keine Butter mehr aufs Brot geschmiert, sondern selbst hergestelltes Obstmus oder Rübenkraut. Die Herstellung von Butter wurde generell reduziert, denn die dabei anfallenden großen Mengen an "Nebenprodukten", wie zum Beispiel Magermilch, waren früher an das Vieh verfüttert worden. Angesichts der besonderen Umstände war dies jetzt Verschwendung. Das Vieh sollte nur noch mit Produkten gefüttert werden, die für Menschen ungenießbar waren.

Allerdings sollte es bald noch schlimmer kommen. Nach einem total verregneten Sommer 1916 fiel in ganz Mitteleuropa fast die gesamte Kartoffelernte aus. Nach schwül-feuchtem Wetter starb innerhalb weniger Tage das Laub ab, und

Zwei Dienstmädchen um 1916 aus Lehnerath, Kreis Daun; gesucht wurden fleißige, zuverlässige und auf jeden Fall unverheiratete Mädchen

Nicht übertragbar. №

Gemeinde Fels.

Brotkarte

Gültig vom 12. bis 25. April 1915

zur Entnahme von Brot oder Mehl nur nach Gewicht sowie unter Vorlegung der Karte gegen Abtrennung der Abschnitte. Nur der **Verkäufer** darf die Abschnitte abtrennen.

Bei Ausgabe **neuer Karten ist diese Karte** mit den nicht verwendeten **Abschnitten** abzugeben.

Karte in eigenem Interesse sorgfältig aufbewahren!

Gemeinde Fels.
250
Gramm Brot
oder 200 Gramm Mehl.

Gemeinde Fels.
250
Gramm Brot
oder 200 Gramm Mehl.

die Kartoffeln verfaulten im Boden. Diese so genannte Krautfäule hatte es in der Eifel auch schon früher gegeben. Sie hatte stets große Not mit sich gebracht, doch hatte man meist auf andere Nahrungsmittel ausweichen können. Angesichts der besonderen Bedeutung jedoch, die der Kartoffel in den Kriegsjahren zukam, war die Krautfäule eine Katastrophe. Die wenigen Kartoffeln, die man geerntet hatte, waren so stark mit den Fäulnispilzen infiziert, dass die Knollen bereits in den ersten Tagen der Lagerung in Fäulnis übergingen. Jetzt zog die Not auch in die Eifeldörfer ein, denn der Winter kündigte sich an, und andere Nahrungsmittel, auf die man hätte ausweichen können, gab es nicht.

Der Winter 1916/17 ist daher als "Steckrübenwinter" im Gedächtnis der Menschen geblieben. Die Steckrübe, eine mit dem Raps verwandte Kohlsorte, war das einzige Gemüse, mit dem viele Menschen ihr Leben fristen konnten. Die gelbfleischigen Steckrüben oder auch Kohlrüben wurden damals noch als Wintergemüse angebaut. Wie Kartoffeln und Kopfkohl ließen sie sich den Winter über gut lagern. Besonders in Norddeutschland gehörten sie schon lange zum traditionellen Speiseplan. Wegen ihres an Kohl erinnernden Geschmacks wurden sie im allgemeinen als dicker Eintopf

Frauen, alte Männer und russische Kriegsgefangene beim Möhrenjäten bei Weyer, Kreis Euskirchen 1916

mit Kartoffeln, einigen Zwiebeln, Lorbeerblättern und fettem Fleisch gekocht. Da im Hungerwinter 1916/17 Kartoffeln und Fleisch rar waren, und Steckrüben ohnehin zu neunzig Prozent aus Wasser bestehen, war die Steckrübensuppe dieser Zeit allerdings eher eine bessere Wassersuppe. Dennoch dürfte sie viele Menschen am Leben erhalten haben.

Sparsam mit den geringen Ressourcen umgehen - diese Devise galt in den Kriegsjahren nicht nur für die Ernährung. Auch beim Verbrauch von Brennstoff war man so zurückhaltend wie möglich. So riet ein Kriegskochbuch von 1915 dazu, das Essen eine halbe Stunde im fest geschlossenen Topf anzukochen und diesen dann mit voller Hitze in eine so genannte Kochkiste zu stellen. Hierbei handelte es sich um einen gut isolierten Holzkasten, der gerade groß genug war, um den Kochtopf aufzunehmen. In der Kochkiste garte das Gericht dann vollkommen ohne Wärmezufuhr zu Ende.
Im allgemeinen konnte man mit der doppelten Garzeit rechnen, die Speisen konnten jedoch auch ein paar Stunden länger in der Kiste bleiben, ohne Schaden zu nehmen. So konnte man zum Beispiel abends die Kochkiste befüllen und das Gericht am nächsten Mittag fertig herauszunehmen.

Kochkisten waren kurz nach der Jahrhundertwende aufgekommen. Bald wurden sie in jedem Haushaltwarenladen verkauft. Man konnte sie jedoch auch selbst anfertigen. Das Büchlein "Ich kann kochen", das 1909 im Ullstein Verlag erschienen war, empfahl zu diesem Zweck eine der bekannten Stärkekisten der Firma Hoffmann zu nehmen:
"In diese kommt zunächst ein etwa 5 Zentimeter starkes Kissen aus Molton, das mit Holzwolle oder Heu gefüllt wird und den Boden gerade bedecken muß. Ein ebensolches Kissen nagelt man gegen den Deckel. Dann beschafft man sich je nach Größe ein oder zwei Emailletöpfe mit gut schließendem Deckel, stellt sie in die Kiste und polstert nun um sie herum die Wände und, wenn es zwei sind, den Zwischenraum um die beiden so mit Holzwolle aus, daß gerade nur noch der Raum bleibt, in den sie hineinpassen. Diese Polster bekleidet man ebenfalls mit Molton. Die Töpfe dürfen nur so groß sein, daß die Polster auf allen Seiten zum mindesten 5 cm dick sind. Wenn sie zu niedrig sind, so daß sich zwischen dem Kissen des Kistendeckels und dem Deckel noch ein Luftraum befindet, muß man noch einmal ein Moltonkissen mit Holzwolle stopfen, das diesen Raum vollkommen ausfüllt. An den Deckel der Kiste muß noch eine Schließvorrichtung angebracht sein."

B. B.

Das Kriegskochbuch mit "Anweisungen zur einfachen und billigen Ernährung" erschien 1915 in Berlin

Gehörige Portionen

Adolf Moskopp, Viehhändler, Ulmen, 15. Oktober 1924

"'Hott et jeschukt?', hat mich der Mausefallenkrämer von gegenüber vorhin gefragt. Das würde dem Nerother Hungerleider so passen, wenn ich ihm von meinen Geschäften erzählte! Der würde doch blass vor Neid, wenn er wüsste, was ich heute für einen guten Handel abgeschlossen habe... Dem alten Hilarius Kutscheid aus Demerath hab' ich das Koppel Zugochsen angedreht, das ich in der letzten Woche auf dem Hillesheimer Markt meinem Kollegen Nathan aus Mayen abgekauft hatte. Das waren mühsame Geschäfte - immer wieder musste ich meinen Handelspartnern die Hand zum Zuschlag hochreißen... Jetzt gönne ich mir erst mal ein Bier und einen Schnaps und eine gehörige Portion Schweinebraten mit Rotkohl. Und dann eine gute Zigarre..."

Schweinebraten

1 kg Schweinebraten, 2 Zwiebeln, 100 g durchwachsenen Speck, Mehl, Salz, Pfeffer, 1 Teelöffel Nelken, Öl, Wasser oder Brühe

Den Braten mit Salz und Pfeffer einreiben, mit Nelken spicken und in Öl anbraten. Speck und Zwiebeln würfeln und gegen Ende mit anbraten. Sobald sich eine braune Kruste gebildet hat, mit 1/4 Liter Wasser oder Brühe auffüllen und im Backofen bei 2oo Grad ca. ein bis anderthalb Stunden zu Ende garen. Das Fleisch zwischendurch häufig begießen. Die Bratflüssigkeit mit etwas Mehl zu Soße binden und mit Salz und Pfeffer abschmecken. Mit Kartoffelklößen und Rotkohl servieren.

Simonbräu
Pilsener

Viehhandel und Märkte

Für die Landwirtschaft der Eifel waren die Viehhändler von großer Bedeutung. Bis in die jüngste Zeit war Geld bei den meisten Eifelbauern knapp. Das meiste, was sie für ihre bescheidene Lebensführung brauchten, produzierten sie selbst. Die fehlenden Güter des täglichen Bedarfs kauften sie im Dorfladen. Wenn sie eine größere Summe Bargeld benötigten, blieb ihnen nichts anderes übrig, als ein Stück Vieh zu verkaufen. Das war zumeist ein Rind, das wichtigste Haustier des Eifelbauern.

Ein Handel wird durch Handschlag besiegelt, Viehmarkt in Daun

Die Viehgeschäfte wurden im allgemeinen in den Ställen abgewickelt. Die Viehhändler kamen in die Höfe und kauften den Bauern die Tiere ab. Dieser sogenannte Handel unter vier Augen war in aller Regel für die Bauern von Nachteil, waren sie doch den gewitzten Händlern nur selten gewachsen. Diese kamen nämlich überall herum, auf fremde Märkte, zu zahlreichen Händlerkollegen und in andere Viehzuchtgebiete. Daher waren sie stets besser informiert als die Bauern und geübt im Umgang mit Viehverkäufern. Als eloquente Redner wussten sie die jeweilige Situation immer zu ihrem Vorteil zu interpretieren, und es ist gewiss kein Geheimnis, dass mancher so skrupellos war, um des Profits willen dem armen Bauern Lügengeschichten aufzutischen.

Stefan Andres schildert in seinem Roman "Der Knabe im Brunnen" - in dem er seine Kindheit im Trierer Land beschreibt - ausführlich das Verhalten eines jüdischen Viehhändlers auf dem elterlichen Hof im Dhrontal: "Der Rote Koppel (der Händler) kam oft zu uns, er hatte einen schweren braunen Stock mit allerlei Knoten in der Hand und trug Ledergamaschen und einen Wettermantel. Der Rote Koppel befühlte das Tier hinten und vorn und von allen Seiten. Schließlich warf der Koppel die Arme gegen den Himmel, schüttelte sie und klagte, daß der Lange (der Vater des Autors) ihn ruinieren, daß er ihm den Hals umdrehen tät, daß er, der Rote Koppel, kapores ging, wenn er noch weiter auf die Breitwies käm. Und er schwor, er wollt die Kuh samt den Hörnern in seinem Bauch liegen haben, wenn sein Wort nicht gut und ehrlich wär..."

Die Zuchtqualität des Eifelrindes wurde zunehmend verbessert. Damit gewannen auch die Viehmärkte in der Eifel an Bedeutung. Das alte Marktstädtchen Hillesheim ist ein gutes Beispiel

Eifel-Edelbrand aus der Branntwein-Obstschnaps-Brennerei Ludwig Wenzel in Ammeldingen, Kreis Bitburg-Prüm

Schnaps

Schnaps (Branntwein) ist ein starkalkoholisches Getränk. Es kann aus schwachalkoholischen Getränken wie Wein, Bier und Met sowie aus allen Naturprodukten, die Fruchtzucker enthalten, gebrannt werden (zum Beispiel Äpfeln, Birnen, Zwetschgen, Mirabellen, Schlehen), aber auch aus stärkehaltigen Produkten (wie Kartoffeln und Getreide), wenn die Stärke nach entsprechender Vorbehandlung in Zucker umgewandelt worden ist.

Die Kunst, aus Alkoholischem und bestimmten Rohstoffen Hochprozentiges zu destillieren, ist ausgesprochen kompliziert. Das Brenngut, zum Beispiel Obst, wird in einem Fass eingemaischt. Die Maische lässt man gären. Anschließend wird sie in einen Kupferkessel gefüllt und bis zum Siedepunkt erhitzt. Alkohol und Aromastoffe steigen in gasförmigem Zustand auf und werden in einer Kühlschlange durch ein Kaltwasserbad geführt. Dabei verflüssigen sie sich wieder, so dass man sie am Ende der Schlange in Gefäßen auffangen kann.

Von besonderer Bedeutung war und ist der Obstbrand. Lange Zeit hindurch wurden zumeist aussortierte, also minderwertige Früchte verwendet. Das Ergebnis war ein qualitativ schlechter Schnaps, oft mit einem hohen Alkoholgehalt von 50 Prozent; er brannte im Hals. Heute sind dagegen Edelbrände gefragt. Sie werden dort hergestellt, wo geeignete Früchte reifen, also vorwiegend an Ahr und Mosel und in der Südwesteifel. Vor allem im Kreis Bitburg-Prüm spielt das Brennen hochwertiger Schnäpse bis heute eine wichtige Rolle.

Zu Beginn des 19. Jahrhunderts wurde auch in der Eifel Schnaps in großen Mengen konsumiert. Darauf lässt zumindest die hohe Zahl der Brennereien - meist Nebenerwerbsbetriebe von Landwirten - schließen. 1860 waren allein im (Alt-)Kreis Bitburg 147 Brennereien registriert. Der Branntwein spielte im täglichen Leben wie bei Festen eine wichtige Rolle. Er wurde - in aller Regel von Männern - zu Hause und in der Gastwirtschaft zu den verschiedensten Anlässen getrunken, so beispielsweise bei Familienfeiern (Kindtaufe, Hochzeit, Leichenschmaus, Totenwachen), zur Kirmes, bei nachbarschaftlichen Gemeinschaftsarbeiten (Dreschen, Hausschlachtung, Kuhkalben, Grabaushub) und nicht zuletzt bei der Brautwerbung.

Das Schnapstrinken bescherte den Eifelern nicht nur Momente der Lebensfreude, sondern häufig auch Not und Elend. Auf einem Notgeldschein der 1920er Jahre aus dem Bitburger Land sind die Folgen des übermäßigen Alkoholkonsums ganz drastisch formuliert: "Branntwing dau ludrig Kraut, hos su manigen en de Dreck gedaut."

für diese Entwicklung. Durch die hohen Auftriebszahlen - 1865 beispielsweise 11.150 Stück Rindvieh und 9.220 Schweine - erlangte der Hillesheimer Markt überregionale Bedeutung. Die Viehhändler kamen von weit her, so beispielsweise aus Köln, Münster, Augsburg und dem benachbarten Ausland. Von nun an hatten die Eifeler Bauern es nicht mehr nötig, sich auf dem eigenen Hof von betrügerischen Viehhändlern übers Ohr hauen zu lassen.

Allerdings waren auch auf den Märkten die Praktiken mancher Viehhändler von eher zweifelhafter Natur, kannten sie doch allerlei Tricks, um auf unredliche Weise an anderer Leute Geld zu kommen. Peter Koch aus Katzwinkel, geboren 1916, hat selbst erlebt, was gerissenen Händlern alles einfiel, um Bauern zum Zuschlag zu bewegen: "Marktorte für unseren Bezirk waren (in den 1920er Jahren) Kelberg, Adenau, Ulmen, Daun und Hillesheim. Außer den Metzgern und Bauersleuten bestimmten den Markthandel Juden und andere Viehhändler. Mit sehr listigen Machenschaften betrieben sie ihr Geschäft. Schon gleich beim Auftrieb, am Markteingang, kamen sie dem Verkäufer entgegen, fragten nach dem Preis, gingen mit bis an die Anbindevorrichtung, und im Nu waren mehrere von ihrer Sorte zur Stelle. Mit vereinten Kräften fielen sie über ihr Opfer her, boten einen verächtlich niedrigen Preis, machten das Stück Vieh schlecht, um den Preis herunterzudrücken. Zehn- bis zwanzigmal rissen sie dem Bauern die Hand hoch, um ihn zum Zuschlag zu bewegen, fingen an zu jammern, wobei sie Bibelsprüche aus dem Alten Testament benutzten. Schließlich gingen sie weg, kamen aber später, wie zwischendurch ihre Helfershelfer, zurück, und das Feilschen ging von Neuem los. In vielen Fällen haben solche raffinierten Handelsmänner ihr Ziel erreicht."

Der Verkauf eines Stücks Vieh wurde stets durch Handschlag besiegelt. Manchmal bekam der Viehtreiber (Treibjunge), der geholfen hatte, das Tier zum Markt zu treiben, ein Taschengeld. Auf jeden Fall gingen Käufer und Verkäufer in die nahe gelegene Gastwirtschaft, um das Geschäft zu begießen. Der Käufer lud den Verkäufer zum "Wingkoff", einem gemeinsamen Umtrunk, ein.

Gasthaus von Jakob Thull in Manderscheid, Kreis Wittlich

Dass in den geschilderten Beispielen von jüdischen Händlern die Rede war, darf nicht den Eindruck erwecken, als ob sie allein es darauf angelegt hätten, den Verkäufer zu betrügen. Es ist überliefert, dass auch nichtjüdische Viehhändler es genau so oder ähnlich machten. Ältere Zeitgenossen nannten sie "kadolesch Judde". Und immer waren es sicherlich nur einzelne, denen so gut wie jedes Mittel recht war, ihre Mitmenschen zu betrügen.

Die Viehhändler zählten auch zu denen, die sich ein besseres Essen gönnten. Sie verkehrten schon von Berufs wegen mehr oder weniger regelmäßig in Gastwirtschaften. Die Eifeler Kleinbauern gingen dagegen vor allem an Markttagen in die Wirtschaft. Dort bestellten sie eine Suppe, ein Glas Bier und einen Schnaps. Dazu aßen sie ihr Butterbrot, das sie von zu Hause mitgebracht hatten.

Allerdings gab es auch Viehhändler, die mit einer solch bescheidenen Mahlzeit vorlieb nahmen: Entweder waren sie vergleichsweise anspruchslos, oder sie waren finanziell nicht zum Besten gestellt. Vielleicht war bei dem einen oder anderen auch übertriebene Sparsamkeit, wenn nicht sogar Geiz mit im Spiel.

Die Dorfgasthäuser waren aus dem Leben der Eifeler nicht wegzudenken. Sie boten in der Regel nur Getränke, aber keine Speisen an. Dafür gab es auch kaum Bedarf, denn die Landleute gingen nur zum Trinken in die Gastwirtschaft. Die Gastwirte schenkten nicht nur in der Gaststube Getränke aus, sondern verkauften sie auch "über die Straße". Das galt vor allem für Bier. Ursprünglich hatten die Brauereien einen eigenen Ausschank, später durften aber auch unabhängige Wirtshäuser Bier ausschänken. Eltern schickten ihre Kinder ins Gasthaus, wo der Wirt ihnen den mitgebrachten Krug voll zapfte. Nachdem die Bierflaschen eingeführt worden waren, verkauften die Wirtsleute drinnen und nach draußen Flaschenbier, obwohl sie sich anfangs gegen

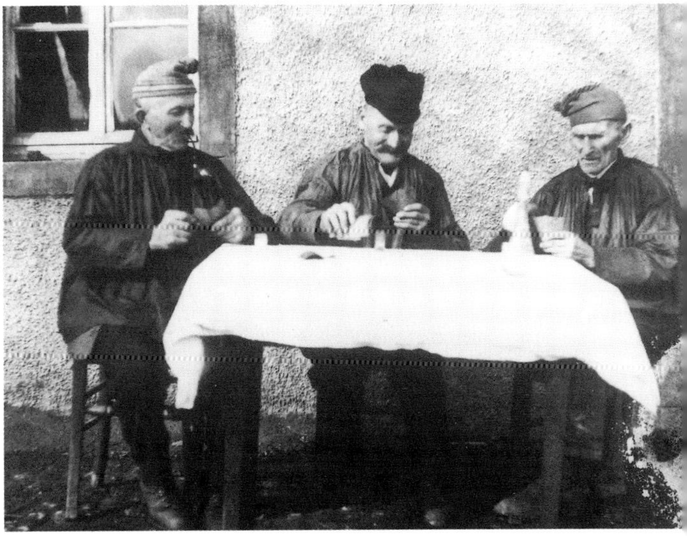

Eifeler Bauern bei Karten und Korn

diese Neuerung gewehrt hatten. Sie befürchteten nämlich Umsatzeinbußen aufgrund des Direktversands durch die Brauereien.

Während man also in einem typischen Eifeler Dorfgasthaus nur zu trinken bekam, konnten die Gäste, genügend Kleingeld vorausgesetzt, in einigen Lokalen vor allem in den Marktorten auch zu Mittag essen. Eine Speisekarte gab es allerdings meist nicht. Oft wurde nur ein einziges Menü angeboten, das zumeist aus einem Eintopfessen bestand. Manche Gasthäuser - und zwar vor allem die, die zu einer Metzgerei gehörten - servierten auch Fleischgerichte, die sich jedoch nicht jeder leisten konnte oder wollte.

Das Fleischmenü bestand in aller Regel aus Schweinebraten, Salzkartoffeln und Gemüse (Erbsen und Möhren). Gekocht wurde stets in denselben Töpfen. In der Gaststube wurden nämlich meist die gleichen Speisen angeboten, die bei den Wirtsleuten auf den Tisch kamen. Neben dem beliebten Schweinebraten gab es hauptsächlich Würstchen, Erbsen-, Linsen- und andere Gemüseeintöpfe, Reibekuchen und "Döppekooche".

F.J. F.

Fast Food in aller Munde

McDonald's
Mc DRIVE
nald's

Boris Kahlenborn, Schüler, Mendig, 26. August 2002

"Das Schulbrot ist ja echt ätzend, was sich Mutter bloß wieder bei dem langweiligen Zeug gedacht hat ... Mit der Clique hier bei McDrive... das geht total ab, eh... Haut nur ein wenig ins Budget so fast jeden Tag. Ist doch geil, eh, einfach zu essen, wenn man Bock drauf hat... Nicht so wie heute Abend, wenn wieder Tante Maria und Onkel Edi aufkreuzen und man beim Essen wieder einen 'auf Familie' machen und sich benehmen muss."

Coca-Cola
Tonga
Chicken
Sticks
Lilo

Fast Food

Innenansicht Mc-Drive in Mendig, Kreis Mayen-Koblenz 2002

Gehässige Zungen mögen behaupten, Fast Food komme, wie alles Übertriebene und Ungesunde, aus Amerika. In der Tat könnte man die Fertigrationen der amerikanischen Armeeverpflegung, die auch bei den Deutschen recht schnell beliebt waren, als eine Art Vorläufer der Fast Food-"Kultur" ansehen. Allerdings ließen erst die Segnungen des Wirtschaftswunders die Lust der Deutschen auf Fast Food übermächtig werden.

Fast Food bedeutet wörtlich übersetzt "schnelles Essen". Darüber hinaus steht es für eine Aufhebung der traditionellen Essenszeiten. Es liegt auf der Hand, dass für das schnelle Essen zwischendurch andere Gesetze und Regeln gelten als für die traditionelle Mahlzeit. Fast Food muss schnell zuzubereiten und schnell zu konsumieren sein, und zwar ohne dass man so traditionelle Dinge wie Messer, Gabel oder Teller dazu benötigt. Oft ist sogar der Tisch überflüssig. Fast Food wird im Stehen, im Gehen, im Fahren und im Fluge verzehrt. Wichtig ist: Fast Food muss möglichst schnell satt machen, und es muss überall annähernd gleich schmecken, das heißt, der Konsument muss in etwa wissen, was ihn erwartet, nach dem Motto: "A hamburger is a hamburger is a hamburger".

Aus der Fülle des im Sinne der Multi-Kulti-Gesellschaft völlig unüberschaubar gewordenen Angebotes - von Currywurst über Döner bis zu Sushi - seien zwei berühmte Ketten herausgegriffen: Wienerwald und McDonald's, wobei erstere bereits der Vergangenheit angehört. Wer kannte seinerzeit nicht den Slogan: "Heute bleibt die Küche kalt, wir gehen in den Wienerwald". Die Wienerwald-Story des Linzer Kellners Friedrich Jahn begann 1955 in München-Schwabing mit der Eröffnung des Lokals "Linzer Stüberl". Recht bald stand auch jenes Brathuhn auf der Speisekarte, das die Basis des gesamten Wienerwald-Imperiums bilden sollte. Im Gefolge des "Hendl" tauchte auch jene Warmhaltetüte mit dem Hendl-Symbol auf, in der das Huhn zum "take away"-Produkt wurde. Wichtig für den Hendl-Boom war eine durch Malerei und Ausstattung künstlich geschaffene wienerische Pseudorustikalität, die - für alle Wienerwald-Lokale annähernd gleich - zur Corporate Identity des Wienerwald-Imperiums beitrug. 1959 war dieses bereits auf 17 Filialen angewachsen, und sechs Jahre später zählte die Kette 174 Betriebe in ganz Europa. Bevor Friedrich Jahn 1982 Insolvenz anmelden musste, betrieb der Wienerwaldkonzern weltweit 1.554 Lokale in 18 Ländern. Viele Beobachter schreiben den Niedergang der Leichtgläubigkeit Friedrich Jahns in finanziellen Dingen zu, in Wahrheit dürfte es aber (auch) andere Gründe geben: Aus dem modern anmutenden Familienrestaurant war eine auf viele langweilig und muffig wirkende "Essabsteige" geworden. Zudem hatte sich die Rolle der Familie in der modernen Gesellschaft gewandelt, gemeinsame Familienessen außer Haus gehörten zunehmend der Vergangenheit an.

Während es Wienerwald-Restaurants wohl nur in den Großstädten am Rande der Eifel gab, hat sich mit den McDonald's-Filialen eine andere Fast Food-Kette - ähnlich sichtbar wie die allgegenwärtigen Windräder - tief in die Eifeler Landschaft hineingefressen. McDonald's gibt sich zwar gern als Familienrestaurant, doch setzt die Kette in erster Linie auf Kinder und Jugendliche als Zielgruppe. Mit Sicherheit werden aus ihnen über kurz oder lang Erwachsene. Daher ist die Förderung der Markenbindung - ähnlich wie im Bereich der Mode - für McDonald's von großer Bedeutung.

Einige Fakten zur schleichenden "McDonaldisierung" der Gesellschaft seien exemplarisch genannt: Monatlich besuchen 90% aller amerikanischen Kinder ein McDonald's-Lokal, die meisten Kindergeburtstage werden bei McDonald's gefeiert, kein Amerikaner benötigt - statistisch gesehen - mehr als drei Autominuten zur nächsten McDonald's-Filiale, und sieben Prozent aller Arbeitskräfte in Amerika haben ihren

Innenansicht Mc-Drive in Mendig, Kreis Mayen-Koblenz 2002

Innenansicht Mc-Drive in Mendig,
Kreis Mayen-Koblenz 2002

ersten Job bei McDonald's angetreten. Aber: Amerikas junge Generation ist die übergewichtigste, die es je gab (allerdings ist der Zusammenhang zwischen Fast Food und Übergewichtigkeit noch nicht streng wissenschaftlich erforscht). Diese Fakten mögen für Europa, Deutschland und die Eifel noch etwas anders aussehen, aber wir arbeiten dran...

Zur Erfolgsgeschichte des Konzerns: Streng genommen müsste McDonald's eigentlich McKroc heißen. Denn Ray Kroc war es, der die Idee der Brüder Richard und Maurice McDonald aufgriff, die im Süden der USA eine Speedee-Restaurant-Kette betrieben. Für den Kultgedanken unverzichtbar sind Ray Krocs Vergleiche zwischen dem Verkauf von Hamburgern und dem Show Business: "Wenn man in diesem Geschäft arbeitet, dann arbeitet man im Showgeschäft. Jeder Tag ist eine neue Show. Das ist wie bei einem Broadway Musical. Wenn sie deine Melodie mitsummen, dann hast du Erfolg gehabt." Mittlerweile zieren zahlreiche McDonald's-Filialen wie Ikonen des Ewig-Gleichen die Eifellandschaft, vor allem die McDrive-Variante mit der Möglichkeit, das Essen im Auto zu bestellen und es auch dort zu verzehren. Da des Eifelers liebstes Kind, das

Auto, sauber bleiben muss, ziehen sich leider die Relikte des Essens als Spuren der modernen Esskultur von jeder McDrive-Filiale in die Landschaft. Dies übrigens ganz im Gegensatz zu den Intentionen Ray Krocs, der persönlich in und um seine McDonald's Filialen für peinliche Sauberkeit sorgte.

Eines der Geheimnisse des Erfolges von McDonald's ist die "one world - one taste" Ideologie. Natürliches Rindfleisch schmeckt je nach Jahreszeit und Fütterung der Tiere ganz unterschiedlich. Diesen Differenzen kann man selbstverständlich mit Aromastoffen entgegenwirken. Von den 175 Rinderfarmen, die McDonald's ursprünglich belieferten, sind lediglich fünf übrig geblieben. Sie züchten in Boxen Einheitsrinder mit einer genau festgelegten Futtermischung. Haben die Rinder ihr ohnehin nur kurzes Leben beendet, schmeckt ihr Fleisch immer gleich.

Aber sind es nicht die Verbraucher, die diese Uniformität wollen? Und sind BSE-Skandale, hormonverseuchtes Schweine- oder Geflügelfleisch, mit Pflanzenschutzmitteln verseuchtes Getreide nicht die Konsequenzen unseres eigenen Konsum- und Essverhaltens, über die wir uns kaum jemals Rechenschaft ablegen? Aber wie heißt es so schön: "Man ist, was man isst" - oder?

M. Z.-B.

Henkelmann und Kaffeebecher

Martin Klöcker, Weber, Düren, 22. Juni 1961

"Mensch, hab' ich einen Hunger. Seit sieben Uhr stehe ich nun schon in dem Höllenlärm am Webstuhl und webe grünes Tuch für die Polizei - die Schutzmänner scheinen ja ständig neue Uniformen zu brauchen. Aber wenn's dem Betrieb gut geht und viele Aufträge reinkommen, geht's auch uns Webern gut.... Na, endlich schlägt es zwölf Uhr - wird auch langsam Zeit für die Mittagspause und einen Blick in den Henkelmann! Eine Kantine gibt's ja leider bei uns nicht, sind wir auch viel zu klein für... Mm, Maria hat Himmel und Erde gekocht, und sogar ne gebratene Blutwurst ist dabei. Gut dass wir letzte Woche endlich das Schwein geschlachtet haben!"

Himmel und Erde mit gebratener Blutwurst

1 kg Kartoffeln, 4 säuerliche Äpfel, Milch, Butter, Salz, Zucker, eine Blutwurst oder ein Stück Blutwurst aus dem Ring

Die Kartoffeln weich kochen, zerstampfen und mit Milch und einem Stückchen Butter zu Kartoffelbrei verrühren. Äpfel schälen, vierteln und mit einer Prise Zucker zu Mus kochen. Kartoffelbrei und Apfelmus miteinander vermengen. Blutwurst im Stück oder in Scheiben geschnitten anbraten, zu Himmel - Äpfel - und Erde - Kartoffeln - servieren..

Aus dem Weckglas

Essen am Arbeitsplatz

Im Henkelmann brachten die Arbeiter ihr Mittagessen mit zur Arbeit

"Wer arbeitet, muss auch essen" - die schlichte Volksweisheit beschreibt durchaus treffend die engen Abhängigkeiten zwischen Nahrungsaufnahme und Arbeitsleistung. Berufliche Pflichten und Essen und Trinken ließen sich vergleichsweise einfach in Einklang bringen, solange Arbeit und private Existenz unter einem Dach oder zumindest in geringer Entfernung voneinander stattfanden. Das galt bis weit ins 19. und teilweise sogar bis ins 20. Jahrhundert hinein in der Regel für die einfachen Handwerks- und Gewerbebetriebe. Man unterbrach die Arbeit, um sich im selben Haus oder gleich nebenan um die Ecke zu Tisch zu setzen.

Erst als im Zuge der Industrialisierung im 19. Jahrhundert einzelne Betriebe sich personell verstärkten und darüber hinaus große Fabriken mit Dutzenden, ja Hunderten von Beschäftigten entstanden, änderte sich die Situation grundlegend: Berufliche Existenz und private Sphäre, Arbeit und Familienleben traten auch räumlich auseinander, die Wege zum Arbeitsplatz wurden weiter, vor allem nachdem die Eisenbahn und später das Fahrrad - als das Transportmittel der Arbeiterschaft und generell des kleines Mannes - die Mobilität des Einzelnen entscheidend vergrößert hatten. Damit war eine Entwicklung angestoßen, die bis heute fortwirkt: Wer zählt die vielen Berufspendler, die allmorgendlich aus dem Herzen der Eifel zur Arbeit in die großen Betriebe an der Rheinschiene und im Trierer oder Aachener Raum aufbrechen?

In der Land- und Forstwirtschaft, aber auch beispielsweise in den Steinbrüchen und Bergwerken der Eifel hatte es diese Trennung von Arbeit und häuslicher Welt je nach den örtlichen Gegebenheiten immer schon gegeben. Wenn der Vater nicht zum Essen nach Hause kommen konnte, waren es in der Regel die Kinder, die ihm die Mittagsmahlzeit aufs Feld oder in den Wald brachten, falls er sie nicht gleich morgens selbst mit zur Arbeit genommen hatte.

An diesen auf dem Lande lange wirkungsmächtigen Traditionen orientierten sich zunächst auch die Arbeiterinnen und Arbeiter in den Fabriken, beispielsweise in den Betrieben der florierenden Wolltuchindustrie am Nordrand der Eifel zwischen Euskirchen und Aachen. Wo und wann immer möglich, gingen sie um die Mittagszeit nach Hause, um die Hauptmahlzeit des Tages im vertrauten Kreis der Familie einzunehmen - hier schmeckte der Eintopf oder die Bratwurst doch besser als in der unpersönlichen Atmosphäre der Fabrik. Möglich war dieser zeitweilige Rückzug ins Familiäre nur, weil die Mittagspause - als willkommene Unterbrechung des langen Arbeitstages - häufig eine ganze Stunde dauerte.

War der Weg nach Hause aber doch zu lang oder die Pause zu kurz, mussten in der Regel die Kinder einspringen. Im "Mitchen", dem rheinischen Henkelmann, brachten sie das Essen in die Fabrik. Dabei lernten sie häufig genug bereits in jungen Jahren den Ort kennen, an dem sie später, an der Seite von Vater, Onkel oder Tante, selbst einmal arbeiten würden: "Mein Großvater und die Brüder", so berichtet ein ehemaliger Tucharbeiter aus Kuchenheim bei Euskirchen, "waren alle in Euskirchen in Tuchfabriken beschäftigt. Mittags - um elf Uhr war die Schule aus - gingen wir nach Hause und dann mussten wir noch das Essen nach Euskirchen bringen. Alles zu Fuß, hier die Straße entlang. (...) Die Henkelmänner waren ja gut angewärmt, und dann kam das Essen rein. Und dann kamen die ja noch in Euskirchen in der Tuchfabrik in ein Wasserbad und wurden noch einmal nachgewärmt. Dann war das schon in Ordnung."

Im Laufe der Zeit gab es verschiedene Möglichkeiten, das Essen zu erhitzen, das die Arbeiter bereits morgens mitgenommen oder die Kinder mittags gebracht hatten. Solange in den Fabriken Dampfmaschinen den Antrieb der Produktionsmaschinen besorgten, fand sich im Kessel- oder Maschinenhaus häufig ein warmes Plätzchen für den Henkelmann, vorausgesetzt man verstand sich gut mit dem Heizer oder Maschinisten. Größere Betriebe verfügten über spezielle Wärmapparate, in denen die Essgeschirre - meist im Wasserbad - erhitzt wurden. Ursprünglich wurden sie mit Dampf vom großen Fabrikkessel, später auch elektrisch beheizt.

Henkelmänner werden für die Mittagspause der Holzhauer im Salmwald, Kreis Daun, erwärmt

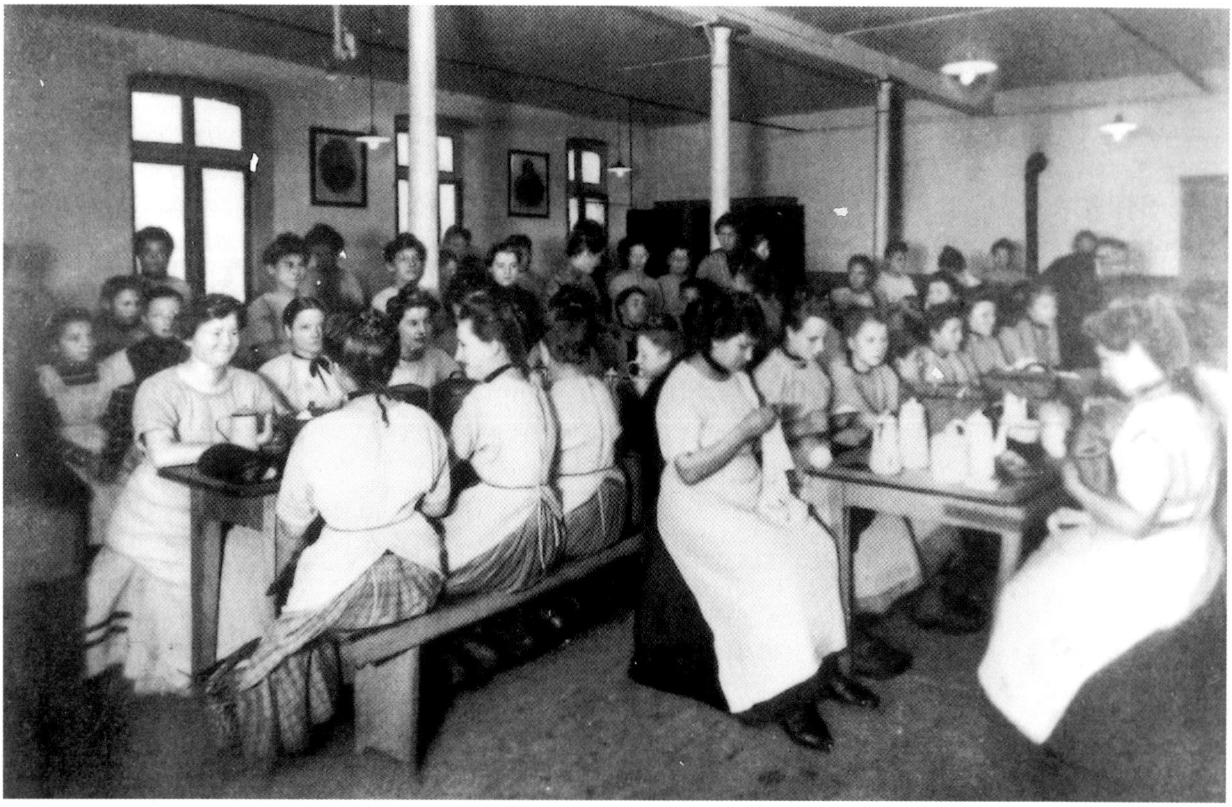

Arbeiterinnen der Flachsspinnerei Schoeller, Bücklers & Co. bei der Mittagspause, Düren, 1907

Henkelmänner gab es in verschiedenen Ausführungen und Größen, emailliert oder verzinkt, je nach den persönlichen Vorlieben. In der Eifel waren auch Doppel-Henkelmänner gebräuchlich, für Suppe und Hauptgericht oder Fleisch und Beilagen. Heute sind die klassischen Henkelmänner im Arbeitsleben so gut wie ausgestorben und nur noch in wenigen Geschäften erhältlich. Wer Jahrzehnte aus dem Mitchen gegessen hatte, konnte viel erzählen. So zum Beispiel die Geschichte von der Baukolonne in der Voreifel, in deren Henkelmännern zur Mittagszeit immer schon die besten Stücke fehlten. Natürlich wollte es keiner der Kollegen gewesen sein. Bis zwei der Arbeiter auf eine pfiffige Idee kamen: Sie reicherten die Speisen in einem der Mitchen mit einer ordentlichen Portion Rizinus an, und siehe da: Einer der Kollegen verbrachte den ganzen Vormittag auf dem stillen Örtchen - der Schuldige war ertappt!

Solange der Arbeiter seine Mahlzeit aus dem Henkelmann löffelte, hatte er zumindest indirekt teil an den familiären Essgewohnheiten. Das änderte sich grundlegend, sobald er an der betrieblichen Gemeinschaftsverpflegung teilnahm, die in Form von Kantinen in Deutschland seit dem 19. Jahrhundert eingeführt wurde. In der Fabrikkantine musste - und muss - er essen, was auf dem Speiseplan stand, ob es ihm schmeckte oder nicht. Die Arbeiterinnen und Arbeiter neigten dazu, die Kantine als notwendiges Übel zu bewerten - die Kritik am Koch und seinen Fähigkeiten konnte fast schon zum guten Ton gehören. Die Fabrikanten sahen in der Kollektivverpflegung dagegen ein wichtiges Element der betrieblichen Wohlfahrtseinrichtungen. Die gemeinsamen Mahlzeiten zu festgelegten Zeiten sollten die Leistungskraft der Beschäftigten stärken bzw. nach Stunden mühsamer Arbeit wieder herstellen. Langfristig gesehen sollten sie darüber hinaus dazu beitragen, die (zufriedenen) Arbeiter an den Betrieb zu binden und so die für die Produktion nachteilige Fluktuation unter den Beschäftigten zu verringern.

In der nur schwach industrialisierten Eifel, in der Großbetriebe aller Branchen dünn gesät waren, dürfte es - abgesehen von den Speiseanstalten der Eisenbahn - nicht sehr viele Fabrikkantinen im klassischen Sinne gegeben haben. Eine Ausnahme machten neben den größeren metallverarbeitenden Betrieben wohl am ehesten einige bedeutende Unternehmen der Wolltuchindustrie mit jeweils Hunderten von Beschäftigten, wie etwa die Tuchfabriken Koenen in Kuchenheim und Ruhr-Lückerath in Euskirchen. Diese und andere große Firmen konnten ihren Personalbedarf in der engeren Umgebung nicht mehr decken, so dass die Beschäftigten zum Teil weite Wege zum Arbeitsplatz in Kauf nehmen mussten. Viele von ihnen wussten daher ein preiswertes Mittagessen in der Kantine zu schätzen.

In der heute noch produzierenden Filztuchfabrik Heimbach in Düren beispielsweise boten die Kantinenköche schon in den 1960er Jahren täglich mehrere Mittagsgerichte an. Wer sparen wollte, konnte sich das Essen aber weiterhin auch von zu Hause mitbringen. Vormittags fuhr das sogenannte "Teemännchen" - das an den Arbeitsplätzen kostenlos Tee ausschenkte - mit dem Wägelchen durch den Betrieb, um die Henkelmänner einzusammeln und zum Aufwärmen in die Kantinenküche zu bringen. Gegessen wurde im Aufenthaltsraum oder direkt am Arbeitsplatz. Vor allem die Weber, die im Akkord arbeiteten, aßen gern neben den laufenden Webstühlen, obwohl das eigentlich nicht erlaubt war.

In kleineren Betrieben, die nicht über eine eigene Kantine verfügten, hatten die Arbeiterinnen und Arbeiter keine andere Möglichkeit, als ihre Butterbrote oder den mitgebrachten Eintopf im Sozialraum oder neben den Maschinen zu verzehren. Der Beitrag der Firma zur Versorgung der Beschäftigten beschränkte sich in diesem Fall häufig genug auf die Bereitstellung von heißem Wasser für Kaffee und Tee oder später in der Montage eines Kaffee- oder Colaautomaten. In der Tuchfabrik Müller in Kuchenheim, dem heutigen Rheinischen Industriemuseum, hatten die Arbeiter sogar selbst eine kleine "Sozialstation" improvisiert: Ein ausrangierter Einkochkessel wurde durch eine Dampfleitung vom Fabrikkessel aus beheizt, so dass in den Pausen stets heißes Wasser für Kaffee oder Tee zur Verfügung stand.

M. K.

Aus dem Weckglas

Käthe Schnichels, Rentnerin, Ripsdorf, 13. Dezember 1967

"Ja, bei den jungen Leuten, da muss ja immer alles schnell, schnell gehen, die haben für nichts mehr Zeit. Die können froh sein, dass sie mich noch haben. Keiner kann so gut einwecken wie ich. Ich mach' es noch so, wie ich es bei meiner Mutter gelernt hab'. Da macht mir keiner was vor! Mir kommen keine gekauften Konserven auf den Tisch! Das Geld kann man doch sparen. Schließlich haben wir ja einen großen Garten, da wächst alles, was man braucht. Mein selbstgemachtes Sauerkraut, das sollten Sie mal probieren, da geht nichts drüber. Schnittbohnen, schön mit geräuchertem Speck, da bleibt nichts auf dem Teller übrig. Ich wohn' ja jetzt bei meiner Ältesten und ihren fünf Kindern in Ripsdorf, seit mein Mann tot ist. Aber mein Eingewecktes essen alle gern. Und für etwas will ich ja auch noch nütze sein."

Panhas gebraten

1 l Wurstbrühe, 65 g Speck, 2 Zwiebeln, 350 g frische Blut- und Leberwurst, Salz, Pfeffer, 350-500 g Buchweizenmehl, 1/2 Tl gemahlene Nelken, etwas Majoran oder Oregano, Bratfett

Die Wurstbrühe zum Kochen bringen. Zwiebeln und Speck würfeln und zusammen anbraten. Leber- und Blutwürste aus der Haut nehmen, in der Brühe mit aufkochen, die Brühe salzen und pfeffern. Das Buchweizenmehl unter ständigem Rühren einlaufen lassen, 10 Minuten kochen lassen, mit Nelken und Majoran würzen und den Buchweizen bei schwächster Hitze ausquellen lassen. Die Masse in eine Kastenform geben und erkalten lassen. In Scheiben schneiden, in der Pfanne auf beiden Seiten anbraten. Mit Kartoffelbrei oder mit Schwarzbrot und Rübenkraut servieren.

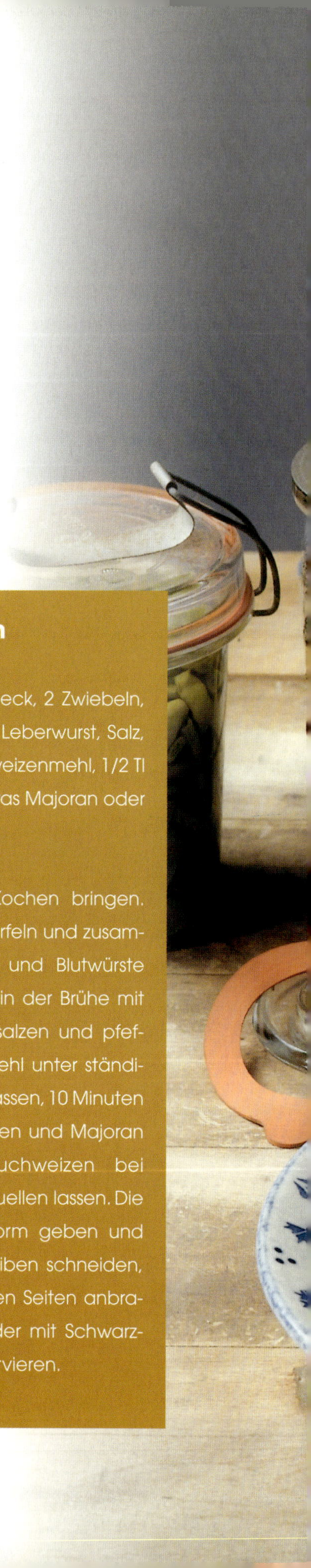

Oma

Einwecken

Gutgefüllte Weckgläser für die Winterzeit

Bauersfrauen hatten in früheren Zeiten ein weites Feld von Aufgaben. Neben den Arbeiten im Haus und der Versorgung der Kinder, arbeiteten sie mit auf dem Feld und waren beispielsweise für das Melken der Kühe und häufig auch für das Füttern von Kleinvieh zuständig. Außerdem hatten sie dafür Sorge zu tragen, dass täglich drei Mahlzeiten auf dem Tisch standen. Keine leichte Aufgabe bei den oft schwierigen Verhältnissen in der Eifel, die relativ häufig von Missernten heimgesucht wurde. In der Regel waren die Familien groß, und viele Mäuler wollten gestopft werden. Fleisch konnte nur selten auf den Tisch gebracht werden, dafür waren die Bauern mit ihren überwiegend kleinen Höfen zu arm.

Es war ein Glück für die Bauersfrau, dass sie Vieles aus ihrem Garten beisteuern konnte. Andererseits bedeutete das zusätzliche Arbeit, denn genau dann, wenn auch die Erntearbeiten auf dem Feld im vollen Gange waren, wurden viele Gemüse- und Obstsorten im Garten reif. Da mussten die Kinder und alten Leute bei der Verarbeitung helfen. Oft waren gerade die Älteren, die keine schwere Feldarbeit mehr leisten konnten, für den Garten zuständig. Die Gärten wurden meist an der Sonnenseite unmittelbar am Haus angelegt. Einen Garten besaß jede Familie, selbst wenn sie sonst kein Ackerland bestellte. Das war nicht nur aus finanziellen Gründen unumgänglich, denn in den Dorfläden gab es kein Gemüse und Obst zu kaufen. Angebaut wurden Gemüse, die auch heute üblich sind, wie Weißkohl, Grünkohl, dicke Bohnen, grüne Strauchbohnen, Erbsen, Steckrüben (gelbe Rüben), Möhren, Zwiebeln, Breitlauch (Porree), Feld- und Endiviensalat. Dabei wurde jedes Eckchen des Gartens sorgsam genutzt. Im Spätherbst wurde Wintergemüse in einer Grube eingeschlagen. Wirsing und Rotkohl wurden mit den Wurzeln dicht beieinander gelegt. Vor Frost schützte man das Gemüse durch Abdecken der Kuhle mit Stroh. So hielt es sich bis Ende Februar. Rosenkohl und Krauskohl konnte man stehen lassen, da sie Frost sogar benötigen, um für den Verzehr geeignet zu sein. In der Regel besaß man in der Nord- und Nordwesteifel nur wenige Apfel-, Birnen- und Pflaumensorten als Hochstämme. Auch Beerensträucher wie Himbeeren und Stachelbeeren waren beliebt. Kirschen und Mirabellen hatten Seltenheitswert, und Pfirsiche kannte man nur dem Namen nach. Obst war rar, und jede Familie war auf die Früchte angewiesen, die auf ihren Bäumen wuchsen. Vielerorts galt der Genuss von Obst als "schnösen", als eine besondere Schleckerei. Im häuslichen Garten wurden außerdem Kräuter zum Würzen gezogen und Heilpflanzen gegen gängige Erkrankungen, die den Arztbesuch ersparten. Dazu kamen als Labsal für die Augen Zierpflanzen wie Goldlack, Stiefmütterchen, Aurikel, Rittersporn und Landrosen.

Einige heute gängige Obstsorten und Gemüse kamen erst spät in die Eifel. Rhabarber beispielsweise ist erst vor dem Ersten Weltkrieg in den Gärten vertreten. Tomaten wurden vereinzelt seit den 1920er Jahren angepflanzt, aber erst in den späten 1930er Jahren war es allgemein üblich, sie im Garten zu kultivieren. Lehrer und Pfarrer waren oft diejenigen, die sich um eine Verbesserung der Kenntnisse auch im Gemüse- und Obstanbau kümmerten. Unterstützt wurden ihre Bemühungen durch die Garten- und Obstbauvereine. Die zunächst aus Pfarrgärten bekannten Mirabellen und Reineclauden fanden nun den Weg in die Hausgärten und machten als Einweckfrüchte Karriere. Gartenerdbeeren gab es vereinzelt bei Großbauern um 1920, doch erst vor dem Zweiten Weltkrieg und auch während des Krieges wurden sie beliebter. Manchmal warteten die Schulgärten mit Gemüse auf, das sonst in den Bauerngärten nicht angepflanzt wurde. Spargel ist ein Beispiel dafür. Zu den Gemüsesorten, die sich nach 1920 allgemein durchsetzten, gehörten Rosenkohl, Blumenkohl und Sellerie. Zu dieser Zeit kamen Spinat und Wachsbohnen neu auf. Von Flüchtlingen aus dem Osten, die nach dem Zweiten Weltkrieg in die Eifel eingewiesen worden waren, lernte man, wie Pilze, vor allen Dingen Champignons und Pfifferlinge, zubereitet werden, und übernahm sie in den Speisezettel.

Wollte man Vorräte für den Winter anlegen, gab es verschiedene Methoden. Weckgläser kamen erst kurz vor dem Ersten Weltkrieg auf. Bis

Weckgläser werden für den Versand verpackt, um 1914

Weck in Bonn

Für den Winter vorzusorgen war eine Parole, mit der die Firma Weck warb und die sich schnell durchsetzte. Die Gläser waren gekennzeichnet durch eine Erdbeere mit dem eingeschriebenen Wort "Weck". Mit dem Weckglas war einer der ersten Markenartikel in Deutschland geschaffen. Auch in der Eifel fanden die Weck-Gläser einen breiten Absatz.
Nach dem Zweiten Weltkrieg hatten Flüchtlinge aus der Niederlausitz in Bonn ein neues Weck-Werk aufgebaut. Es konnte gute Erfolge verzeichnen und hatte in den 50er Jahren 850 Beschäftigte. Die Arbeiter der Fabrik stammten überwiegend von den Eifelhöhen, denn arbeitende Hände waren in Bonn seinerzeit nicht leicht zu finden. Mit Bussen wurden die Beschäftigten im Pendelverkehr für die drei Produktionsschichten herangefahren. Später arbeiteten italienische Gastarbeiter in der Bonner Fabrik.

Säuern von Schnippelbohnen

Diese Art der Konservierung war in der Eifel besonders beliebt und verbreitet. Die sauren Bohnen wurden in großen Steintöpfen aufbewahrt. Weißkohl wurde auf dieselbe Art und Weise zu Sauerkraut verarbeitet.
Zutaten: Salzwasser, 5 kg Bohnen, 50g Salz
Die Bohnen abziehen, waschen, schnippeln und in Salzwasser halbgar brühen. Nach dem Erkalten die Bohnen abwechselnd mit dem Salz fest in einen Steintopf drücken, bis Flüssigkeit darüber steht. Zum Schluss ein ausgekochtes Tuch darauf legen und das Ganze mit einem Brettchen und einem Stein beschweren. Das Tuch öfter auswaschen und Stein und Brettchen abwaschen. Bei dieser Art der Konservierung verwandeln Bakterien den Zuckergehalt der Gemüse in Milchsäure und hindern so Fäulnisbakterien an der Vermehrung, so dass eine längere Haltbarkeit gewährleistet ist.

Einwecken von Bohnen mit dem Einkoch-Apparat

dahin behalf man sich mit verschiedenen Methoden der Haltbarmachung. Kräuter und Pilze aus dem Wald wurden getrocknet und Wildfrüchte wie Heidelbeeren, Himbeeren, Johannisbeeren und im Herbst Brombeeren mit der Obstpresse zu Saft verarbeitet. Schlehdornfrüchte und Schwarzbeeren dienten, mit feinem Spiritus oder Kornbranntwein aufgegossen und mit Zucker oder Kandiszucker gesüßt, zur Likörherstellung. Bohnen und Sauerkraut wurden für den Winter in großen irdenen Gefäßen gesäuert. Beim "Äezeküene" und "Bone fitsche" war die ganze Familie beteiligt. Solche Arbeiten verlegte man bei gutem Wetter gern nach draußen. Diese Gemüse stellten um die Wende vom 19. zum 20. Jahrhundert oft die einzige Abwechslung im winterlichen Speiseplan dar. Nicht selten erkrankten die Menschen in der dunklen Jahreszeit an skorbutähnlichen Krankheiten, besonders an Ausschlag und sogenannten Schwären.

Pflaumen und Birnen machte man in Steinguttöpfen süßsauer, das heißt mit aufgelöstem Zucker, Essig und Zimtstangen ein. Obst wurde im Backofen in der Resthitze vom Brotbacken gedörrt. So wurden Hauszwetschgen mit den Steinen auf Holzroste gestellt und im Backofen zwei bis drei Mal für 24 Stunden gebacken. Birnen schälte man, schnitt sie in Scheiben und trocknete sie auf einem Blech im Backofen oder im Herd, wo sie beim Kochen immer wieder mit erwärmt wurden. Äpfel wurden dagegen seltener gedörrt, manchmal aber in Scheiben geschnitten und auf einen Faden gereiht getrocknet. Man kochte aber auch Mus aus Birnen oder Pflaumen, das morgens beim Frühstück schon mal das Rübenkraut ersetzte. Nach einem langen Winter ohne frisches Gemüse und Obst war dann im Frühjahr der erste Feldsalat eine lang ersehnte Abwechslung im Speiseplan. Es wurde aber auch Sauerampfer gesammelt für die Suppe, und Brennnesseln wurden für Brennnesselsalat und Brennnesselgemüse verwandt.

Ein Segen war vor diesem Hintergrund die Erfindung der Weckgläser Anfang des 20. Jahrhunderts. Sie machten es zum ersten Mal möglich, verschiedene Gemüse, Obst und sogar Fleisch zu konservieren! In einzelnen Fällen war man in der Eifel schon vor 1914 dazu übergegangen, beispielsweise Bohnen in Gläsern einzumachen. In Speicher hatte sich als eine Art Zwischenform ein Steingut-Gefäß mit Glasdeckel entwickelt. Mit einem Gummiring versehen, konnte es ebenso wie die Gläser sterilisiert werden. Nach 1920 setzten sich Weckgläser vor allen Dingen zum Einmachen von Steinobst durch. Nur auf größeren Höfen benutzte man diese Methode auch schon mal für das Konservieren von Fleisch und Wurst. Durchschlagenderen Erfolg hatte das Einmachen in Dosen, das sich um 1925 durchzusetzen begann. Damit ließen sich die Mahlzeiten im Winterhalbjahr anreichern. Im allgemeinen aßen die Eifeler Familien aber nicht üppig. Auch um 1930 kamen einfache Gerichte wie sauer eingelegte Bohnen und Weißkohl noch häufig auf den Tisch.

War das Einwecken vor dem Ersten Weltkrieg weitgehend bürgerlichen Kreisen vorbehalten, so setzte es sich in den 30er Jahren des 20. Jahrhunderts flächendeckend auch in bäuerlichen Gebieten durch. Die Frauen kochten auf dem Küchenherd ein, der nach wie vor mit Holz oder Briketts befeuert wurde, denn der Elektroherd stellte in den Haushalten der Eifel noch die Ausnahme dar. Nun weckte man sowohl Obst als auch Gemüse in Gläser ein; so gehörte zum Beispiel das Einlegen von "Einmachgurken" in die Herbstzeit. Obst wurde auch als Brotaufstrich zu Pflaumenmus, Marmelade und Gelee in großen Töpfen auf dem Herd verarbeitet. Sie wurden in Gläser gefüllt. Das Mus wurde aber auch in irdene Töpfe getan. Das Einkochen geschah in der Regel in einem speziellen Kessel, der mit einem Gläserhalter, dem sogenannten Einsatz, bestückt wurde. In ihm konnten mehrere Gläser für den Kochvorgang eingespannt werden. Obst kam meist roh in die Gläser, dazu eine heiße Zuckerlösung. Gemüse wurde dagegen abgekocht, wobei die Dauer sich nach der Beschaffenheit des Gemüses richtete. Das Gemüse wurde dann heiß in die Gläser gefüllt. Fleisch konnte nun nicht nur eingedost, sondern auch eingeweckt werden. Dafür musste es vor dem Einfüllen durchgekocht, durchgeschmort oder durchgebraten werden. Es wurde ebenfalls heiß mit dem Bratenfett eingefüllt. Während bei Gemüse und Obst die Gläser bis auf einen schmalen Rand gefüllt werden, konnte beim Fleisch die Flüssigkeit nur bis zur Hälfte des Glases reichen, bei Wurst bis zu einem Drittel. Der bestückte Gläserhalter kam dann in den Einkoch-Apparat. Bis zur Höhe des Inhalts der Gläser wurde Wasser eingefüllt. Zu warmen

Rezeptbuch von Opekta, 1937

Frauen beim Eindosen von Fleischstücken, Erster Weltkrieg

Einwecken am Schlachttag

Wollte man Schmalz herstellen, drehte man die Flomen durch den Fleischwolf und verkochte sie. Anschließend kamen sie dann in schöne Steintöpfe. Für die Wurstherstellung wurden die Därme des geschlachteten Schweins gründlichst gereinigt. Da hinein kam die Blut- und Leberwurst. Beim Kochen platzten oft einige Würste. Darüber freuten sich in aller Regel die Kinder, denn dann konnte Wurstsuppe geschlemmt werden.

Die sparsame Hausfrau konnte die Suppe aber auch mit Buchweizen andicken und sogenannten Panhas herstellen. Aufgrund des nicht mehr so geschätzten Geschmacks verschwand Panhas als Gericht in den 1930er und 1940er Jahren langsam von den Speisezetteln. Fleisch und Schinken wurden zum Haltbarmachen im Bottich eingesalzen. Fleisch und Wurst wurden aber auch in Gläsern und Dosen eingeweckt.

Gläsern kam warmes, zu kalten wurde kaltes Wasser gegeben. Der Apparat wurde verschlossen und mit einem Thermometer bestückt, um dann langsam auf die erforderliche Einkochtemperatur gebracht zu werden. Kochzeit und Temperatur waren je nach Kochgut verschieden. Die Firma Weck bot für große Betriebe den Topf 30 A an, mit dem sich gleichzeitig 23 Gläser von je einem Liter Fassungsvermögen bewältigen ließen. Natürlich konnte auch ohne einen speziellen Apparat in einem großen Kessel eingekocht werden, in den man zum Beispiel einen alten Kuchendraht legte, um den Kontakt der Gläser mit dem Kesselboden zu vermeiden. Mit Stolz konnte die Bäuerin nach getaner Arbeit ihren Blick auf Reihen von wohl gefüllten Gläsern für die Winterzeit ruhen lassen.

M. B.

Einmachen

Als erster kombinierte vor rund 200 Jahren der Franzose Francois Nicolas Appert zwei Prinzipien, die für das Einmachen von Obst oder Gemüse unerlässlich sind: Zunächst müssen die Mikroorganismen, die dafür verantwortlich sind, dass Lebensmittel verderben, durch hohe Temperaturen abgetötet werden. Darüber hinaus ist der Vakuumverschluss des Gefäßes notwendig, um das Eingemachte auch weiterhin zu schützen. In Deutschland bürgerte sich Anfang des 20. Jahrhunderts der Begriff "einwecken" ein. Namensgeber war die Firma Weck, die Einmachgläser in großer Zahl herstellte und noch herstellt.

Werbefoto der Firma Weck mit der Aufforderung, an den Winter zu denken

Hungersnot!

Ansicht der inneren Ein[...]

des Norddeuts[...]

Ueberfahrts-Bedingungen für die Passagiere de[...]

I. Linie Bremen–Newyork.

Die Schiffe dieser Linie haben 3 Classen und beträgt das Ueberfahrtsgeld:

1. für einfache Fahrt.	I. Cajüte.	II. Cajüte.	Zwischendeck.
Von Bremen nach Newyork	ℳ 500	ℳ 300	ℳ 120
„ Bremen nach Southampton	„ 75	„ 50	„ 25
„ Southampton nach Newyork	„ 470	„ 270	„ —
„ Havre nach Newyork	„ 485	„ 290	„ 120
„ Paris nach Newyork	„ 500	„ 300	„ 126
„ Newyork nach Southampton, London, Havre und Bremen	Gold $ 100	Gold $ 60	Gold $ 30
„ Newyork nach Paris	„ 103	„ 63	„ 31.50

2. für Retourbillets.	I. Cajüte.	II. Cajüte.	Zwischendeck.
Von Bremen nach Newyork und zurück	ℳ 750	ℳ 460	ℳ 200
„ Southampton u. Newyork und zurück	„ 750	„ 430	„ —
„ Havre nach Newyork und zurück	„ 765	„ 450	„ 200
„ Paris nach Newyork und zurück	„ 780	„ 460	„ 210
„ Newyork und Southampton, London, Havre, Bremen und zurück	Gold $ 185	Gold $ 110	Gold $ 50.00
„ Newyork nach Paris und zurück	„ 193	„ 113	„ 53.00

Zur Sicherung eines Platzes auf den Dampfschiffen ist die Einzahlung eines Handgeldes von ℳ 150 für jeden Platz in der Ersten Cajüte, von ℳ 60 für jeden Platz in Zweiter Cajüte und im Zwischendeck erforderlich.

Reisegepäck.

Directe Billets.

Passagiere, welche von Newyork weiter nach dem Westen beabsichtigen, können in Bremen directe Billets nach allen Plätzen der Vereinigten Staaten erhalten.

Nach Japan, China, Australien und Neuseeland werden dire[...] via Newyork und San Francisco zu ermäßigten Preisen aus[...]

II. Linie Bremen–Baltimore.

Das Ueberfahrtsgeld beträgt:

1. für einfache Fahrt.	Cajüte.
Von Bremen nach Baltimore	ℳ 400
„ Bremen nach Southampton	„ 75
„ Southampton nach Baltimore	„ 370
„ Havre nach Baltimore	„ 385
„ Paris nach Baltimore	„ 400

ung eines Postdampfschiffes
lloyd in Bremen.
tdampfschiffe des Norddeut
remen.
III. Linie Bremen — Havana — New-Orlean

Katharina Schier, Auswanderin, Lützkampen, 23. Februar 1883

"Ein letztes Mal Buchweizenknödel, von dem restlichen Mehl, das unsere Mutter aufgehoben hatte. So schlecht wie diesen Winter ist es uns noch nie gegangen... Die ganze Erntezeit hat es geregnet. Das meiste Getreide ist uns noch auf dem Feld verdorben. Da mussten wir schon im Dezember eine Kuh hergeben, um Mehl und Bohnen kaufen zu können.

Aber jetzt geht es nach Amerika... Wie Onkel Albert, die sind vor drei Jahren ausgewandert, nach Iowa, und jetzt haben sie schon eine eigene Farm. Nach Alberts letztem Brief hat unser Vater sich entschieden. Vor drei Tagen wurde das Haus versteigert, und heute geht's los nach Antwerpen, dort fährt unser Schiff ab. Hoffentlich geht alles gut..."

Buchweizenknödel

500 g Buchweizenmehl, 2 Eier, 1 Zwiebel, Salz, Wasser

Aus Mehl, Eiern, Salz und Wasser einen festen Teig bereiten und daraus Knödel formen. Ins kochende, leicht gesalzene Wasser geben und ca. 10 Minuten kochen. Die Zwiebel klein schneiden, in etwas Butter glasig dünsten und über die abgetropften Knödel geben.

Karge Nahrung

AMERIK[A]

Die Königl. Belgischen Postdampfer de[r]
„STAR LINE“ fahren von ANTWERPEN
Samstag DIRECT nach

NEW-YORK & PHILADELPHIA.

Ausgezeichnete Dampfer mit vorzüglicher Einrichtung für Passagiere
Classen. Deutsche Bedienung und Arzt auf jedem Schiff. Passagepreise
M. 360 u. 300; II. Cl. M. 220; III. Cl. M. 90.
Man wende sich an von der Becke & Marsily in ANTWERPEN oder
Quirin Maas in Bitburg.

Schifffahrtsgesellschaften profitierten von der Auswanderung, in der Eifel war sie besonders stark

Der Wert, der bestimmten Nahrungsmitteln zugemessen wird, kann im Laufe der Zeit oder bei verschiedenen Bevölkerungsgruppen durchaus Schwankungen unterworfen sein. Der Buchweizen, dieses eigenartige Getreide, das eigentlich keines ist, gehört mit seinem kräftigen, eigenwilligen Geschmack zu dieser besonderen Gruppe von einmal mehr, einmal weniger geschätzten Lebensmitteln. Im 19. und frühen 20. Jahrhundert war er aus der Eifeler Küche nicht wegzudenken. Buchweizenknödel gab es häufig zum Frühstück, und ein einfaches Gericht wie der Pfannkuchen aus Buchweizenmehl war anscheinend sehr beliebt. Im Zuge der Intensivierung der Landwirtschaft wurde die Pflanze, die gut auf kargen Böden gedeiht, allerdings mehr und mehr zurückgedrängt. Bereits vor dem Zweiten Weltkrieg ging der Anbau in den Dörfern der Südeifel zurück. Heute gewinnt er - im Zeichen der Rückbesinnung auf alte Kulturpflanzen und eine naturnahe Ernährung - wieder an Bedeutung.

Welch wichtige Rolle der Buchweizen einst für die Ernährung in der Eifel spielte, überliefert Georg Bärsch, Landrat in Prüm von 1819-1834, in einer Beschreibung seines Kreises: "Die steilen Berge sind mit Haide, Ginster und Gestrüpp bewachsen. Hier zieht man meistentheils nur Roggen, Hafer und Buchweizen. Letzteren nennt man hier 'heidnisch Korn', eine Benennung, welche eben sowie die französische 'Sarrasin' an die morgenländische Heimath dieses Gewächses erinnert, welches die Kreuzfahrer aus Palästina hierher verpflanzten. Häufig leidet der Buchweizen durch Frost, und man kann den häufigen Anbau dieser selten gerathenden Frucht nur durch die Vorliebe der Eifler für das Althergebrachte erklären und weil sie das Material zu dem Pfannkuchen, dieser Lieblingsspeise der Eifler, liefert."

Buchweizen mit Blüte

Wenn aus so berufenem Munde - Georg Bärsch hat sich ausgiebig mit der Geschichte der Eifel befasst - der Buchweizen als Grundlage für die Lieblingsspeise der Eifeler genannt wird, hat das sicherlich einen guten Grund. Ob der Landrat allerdings die Vorliebe seiner Bürger teilte, ist nicht überliefert. Heutigen Gaumen erscheint der Geschmack gewöhnungsbedürftig, zumal das Mehl leicht bitter werden kann. Immerhin aß man Buchweizenpfannkuchen in der belgischen Eifel zum Beispiel bei bestimmten Anlässen mit festlichem oder doch wenigstens freudigem Charakter. So servierte man ihn an den sogenannten "Hofabenden" an Michaeli (29. September), Martini (11. November) und Dreikönigen (6. Januar). Am ersten Sonntag nach Fastnacht gehörte er zum gemeinsamen Mahl nach dem Abbrennen der "Burg", einem großen Scheiterhaufen, mit dem nach gängiger Vorstellung der Winter vertrieben werden sollte; und er stand auf dem Tisch, wenn im Frühjahr die letzte Frucht gedroschen oder im Herbst die Kartoffelernte beendet war. In anderen Gegenden aß man ihn als "Kreischpankesch" (von Plattdeutsch kreischen, d.i. weinen), wenn ein Knecht oder eine Magd den Hof verließ.

Knödel und Pfannkuchen aus Buchweizenmehl waren kein Arme-Leute-Essen, dafür waren sie zu weit verbreitet. Aber sie bildeten wichtige Bestandteile fleischloser Mahlzeiten und zeugten damit von der bescheidenen Ernährungslage vieler Eifeler. Das Bild von der "armen Eifel" wurde in erster Linie durch Schilderungen aus den Krisenzeiten des 19. Jahrhunderts geprägt. In Folge von Missernten war die Bevölkerung vor allem der höhergelegenen Landstriche besonders in den Jahren 1816/17 und 1882/83 von Hungersnöten betroffen. Für den katastrophalen Winter 1816/17 war der Ausbruch des Vulkans Tambora (Indonesien) im April 1815 verantwortlich. Seine Emissionen beeinflussten das Klima so stark, dass das Jahr 1816 als das "Jahr ohne Sommer" in die Wetteraufzeichnungen Mitteleuropas einging. Damals verdarb ein Großteil der Ernte auf dem Feld, es schneite früh, und die Kartoffeln mussten den Winter über aus dem hohen Schnee freigeschaufelt werden (Eicherscheid, Kreis Monschau). Futterkräuter, Wurzeln und Kartoffellaub wurden als Gemüse gekocht (Kreis Schleiden). In Udenbreth, Kreis Euskirchen, schrieb Pfarrer Jost damals ins Bruderschaftsbuch: "Man ass allerlei Zeug und backte Pfannkuchen aus Mus und Kartoffeln."

Doch auch zu "normalen" Zeiten war die Ernährungssituation vielerorts ausgesprochen schwierig. Der aus dem Raum Schleiden stammende Prof. Dr. Hugo Zoeller berichtete unter dem Titel "Aus der Eifel" 1883 in der Kölner Zeitung mehrfach über die Verhältnisse in seiner Heimat: "Die Ernährung der Eifelbauern ist zu allen Zeiten und auch in guten Jahren recht dürftig: morgens pflegen sie den Haferbrei zu essen, mittags Kartoffeln mit Kohl mit sogenanntem Kaffee, abends Kohl und Kartoffeln ebenfalls mit sogenanntem Kaffee. Das Brot wird zur Hälfte aus Korn, zur Hälfte aus Hafer gebacken und dabei noch den Müllern aufgetragen, ja nichts auszusieben. Als einzige luxuöse (sic!) Zutat dient, wo solche vorhanden, die Butter, die von den Eiflern, teils weil sie sie selbst gern essen, teils weil sie bei der Bereitung wenig Sorgfalt anwenden, nur selten und ungern verkauft wird. In den wohlhabenderen Teilen der Eifel wird auch viel Speck, frisches Fleisch dagegen nur wenige Male im Jahr genossen."

Werbebroschüre für Auswanderer

Der Buchweizen ist eigentlich kein Getreide, sondern gehört zur Familie der Knöterichgewächse. Der Name spielt darauf an, dass die dreieckigen Früchte an Bucheckern erinnern und sich zu einem Mehl vermahlen lassen, das dem von Weizen ähnelt. Ursprünglich ist der Buchweizen in China beheimatet. Es wird behauptet, dass er im Mittelalter durch die Kreuzfahrer oder durch die Tataren nach Europa gelangte. Tatsächlich aber belegen archäologische Funde, dass er hier bereits während der Bronzezeit bekannt war.

Die Blüten sind beim echten Buchweizen weiß oder rötlich, beim tatarischen Buchweizen grünlich. Sie duften stark und sondern Nektar ab. Deshalb werden sie von zahlreichen Insektenarten aufgesucht. Die Blütezeit im Sommer dauert sechs bis acht Wochen. Der Buchweizen reift daher sehr ungleichmäßig und spät im September. Ob er gedeiht, ist stark von der Witterung abhängig. Deshalb ist sein Ertrag unsicherer als bei den übrigen Feldfrüchten. In Europa geht der Anbau generell zurück. In Deutschland wird der Buchweizen in geringem Maße noch in der Lüneburger Heide und im Spreewald kultiviert.

Im 19. Jahrhundert wurde die Eifel mehrere Male von Missernten und Hungersnöten heimgesucht. Der Winter 1882/83 bildete das traurige Finale dieser Serie von Notzeiten. Nach lange anhaltenden Niederschlägen faulten die Kartoffeln auf dem Feld; das Korn wurde nicht reif. Schon zu Beginn des Winters mischte man alle möglichen Ersatzstoffe ins Mehl, um daraus Brot zu backen. Vielerorts, so auch in Prüm, gründete man Suppenanstalten. Die Kölner Zeitung berichtete: "Mehrere Lehrer haben mir erzählt, daß Kinder in den Schulen ohnmächtig geworden seien, weil sie morgens bloß ein winziges, für ihr Verdauungsvermögen durchaus unzureichendes Stückchen Brot erhalten hätten. Im Hospital zu Prüm befinden sich zur Zeit noch zwei Leute, die ohne sonstige Krankheitserscheinung bloss wegen der durch Hunger verursachten Entkräftung dort aufgenommen worden waren." So entwickelte sich die Auswanderung aus der Eifel zur Massenbewegung. Allein in den Jahren 1886 bis 1895 verließen 4.800 Personen, also immerhin ein Siebtel der Bevölkerung, den Kreis Prüm, um ihr Glück in Übersee zu suchen.

B. K.

Haus der Auswandererfamilie Backes aus Sülm; sie wanderten 1884 nach Minneapolis aus

Frische Fische

Peter Ruland, Kleinwinzer, Reimerzhoven, 6. Juni 1908

"Das ist ja ein richtiger Festtag heute. Die Trauben im Pfarrwingert hängen gut, und jetzt gibt es auch noch gebratene Rümpchen. Wenn man so gerne Fisch isst wie ich, könnte jeder Tag ein Freitag sein.
Der Liersche Pitter bietet die kleinen Fischchen immer donnerstags an. Er ist ja ein armer Kerl, aber er kann froh sein, dass die Fischerei in der Ahr seine Familie ernährt."

Gebratene Rümpchen

1 kg Rümpchen, 5 Esslöffel Butter, 5 Esslöffel Mehl, Salz, Butter oder Öl zum Braten.

Die kleinen Fische mit Salz abreiben, waschen und abtrocknen. In zerlassene Butter tauchen, in Mehl wälzen und in der Pfanne in heißem Fett knusprig braten.

Von Fischern und Rümpchen

Winzer an der Ahr waren im Nebenerwerb häufig Fischer

Noch im 19. Jahrhundert war das Ahrtal mit seiner durch den Weinbau fast mediterran anmutenden Landschaft alles andere als eine wohlhabende Region. In den zumeist engen Tallagen, in denen jeder freie Quadratmeter mit Reben besetzt war, wurden kaum Feldfrüchte wie Hafer, Kartoffeln, Roggen und Weizen angebaut. Diese kamen stattdessen aus der nahe gelegenen fruchtbaren Grafschaft.

Allerdings brachte der intensive Weinbau den Bewohnern der Ahrregion kaum Wohlstand. Wie an der Mosel, so war auch an der Ahr der Winzer, der von dem Ertrag seiner Weinberge leben konnte, eher die Ausnahme. Das Bild wurde vielmehr von Winzerbauern geprägt, die neben Weinbergen auch noch einige Parzellen Ackerland bearbeiteten, um ihren eigenen Bedarf an Feldfrüchten zu decken. Das Brot wurde in der Regel im eigenen Backofen gebacken, und was lag näher, als das notwendige Mehl selbst zu produzieren! Die nächst gelegenen Fruchtmärkte, wo man hätte Korn einkaufen können, lagen in Mayen und Andernach - angesichts der damaligen Transportmöglichkeiten konnten sie für die Ahr kaum eine direkte Rolle spielen.

Die schwierige Verkehrssituation war auch einer der Gründe dafür, dass aus dem Ahrwein, dem man schon damals eine hervorragende Qualität bescheinigte, kein Exportschlager wurde. Hinzu kam, dass durch das herrschende Erbrecht die Grundstücke klein waren und in der Regel verstreut in der Gemarkung lagen. Auch die Gründung des Deutschen Zollvereins durch den preußischen Staat im Jahr 1834 wirkte sich negativ aus, fand doch Wein aus den süddeutschen Staaten einen freien Zugang nach Preußen und in den Norden Deutschlands. Die neue Konkurrenz sorgte auf dem nach 1815 neu gewonnenen Absatzmarkt der Ahr-, Rhein- und Moselwinzer für einen Preisverfall, dem diese kaum etwas entgegen setzen konnten. Die Folge war eine wirtschaftliche Katastrophe für die Winzer an Ahr und Mosel, von der sie sich Jahrzehnte lang nicht erholten. Selbst nach dem Bau der linksrheinischen Eisenbahn in den Jahren 1858/60 musste der Wein mühsam mit Fuhrwerken das Ahrtal hinab transportiert werden, was für die Entwicklung eines florierenden Weinhandels nicht eben förderlich war. Dies änderte sich erst mit dem Bau der Ahrtalbahn im Jahr 1880, die dem Ahrwein zumindest den Kölner und Bonner Raum besser erschloss.

So kann man die Lebensverhältnisse im Ahrtal in der zweiten Hälfte des 19. Jahrhunderts nur als ärmlich bezeichnen. Die wirtschaftliche Situation der Ahrbevölkerung spiegelte sich auch im täglichen Speiseplan wieder, der von Bescheidenheit und Mangel geprägt war. Die Hauptbestandteile einer durchschnittlichen Mahlzeit waren noch in den 1860er Jahren Kartoffeln, Roggenbrot und Zichorienkaffee. Dass Kartoffeln mittags und abends auf den Teller kamen, war normal. An der Oberahr reichte es häufig selbst dafür nicht: Hier aß man statt der Kartoffeln oft genug Rüben oder Erdkohlrabi. Fleisch war zu dieser Zeit eine große Ausnahme und wurde höchstens zu Festen aufgetischt.

Angesichts dieser Verhältnisse verwundert es nicht, dass Fisch auf den Tischen des Ahrtals seinen festen Platz hatte. Zum einen sind die Ahr und ihre Zuläufe ausgezeichnete Fischgewässer, und zum anderen legt schon die Tatsache, dass die Bevölkerung hier wie in der ganzen Eifel durchweg katholisch ist, nahe, dass zumindest an Freitagen Fisch auf dem Speisezettel einer durchschnittlichen Familie stand.

Bis zur Regulierung der Ahr im Zuge des Straßen- und Eisenbahnbaues gegen Ende des 19. Jahrhunderts waren ihre Ufer dicht mit Sträuchern - hauptsächlich Salweiden - bewachsen. Diese boten den Fischen Geborgenheit und Schatten, so dass die Brutstätten besser geschützt und der Fischbestand reichlicher war als heutzutage. Vor allem Forellen, Aale und Barben bevölkerten den Fluss. Auch Hasel, Groppe,

Bei der Traubenlese in Rech

Gründling und Döbel kamen in großen Mengen vor. Letzterer wurde in der Region auch Münne, Möne, Dickkopf, Döbling oder Bratfisch genannt. Er gehört zur Familie der Karpfen, und schon die Vielfalt der lokalen Namen zeigt, dass er in früheren Jahrhunderten sehr geschätzt war. Wegen seiner vielen Gräten verlor er jedoch an Popularität, besonders nachdem in den 1880er Jahren die ursprünglich in Amerika beheimateten Regenbogenforellen eingeführt worden waren. An der unteren Ahr kam auch die Lachsforelle vor, die sich durch ihr rötliches Fleisch auszeichnet und die normalen Forellen an Gewicht deutlich übertrifft. Auch Aale wurden gefangen, die schon damals als ausgezeichnete Speisefische geschätzt waren. Man stellte ihnen hier jedoch nicht wie im Rhein mit Netzen nach, sondern angelte nach ihnen.

In den Monaten Oktober bis Januar stieg früher der Lachs in so großer Zahl ahraufwärts zu seinen Laichgebieten in den Quellregionen der Nebenbäche, dass er in großen Mengen gefangen wurde. Aus dem Mittelalter wird berichtet, dass der Fisch als Volksnahrung diente. Es sind sogar Beschwerden von Ahrweiler Dienstboten überliefert, die sich über den zu häufigen Genuss von Lachs beklagten. Der Stadtrat entschied daraufhin, dass ihnen nur zwei mal wöchentlich Lachs gegeben werden dürfe. Gerade an den Oberläufen der Bäche war der Lachsfang nicht schwierig, da sich die Tiere in dem niedrigen Wasser gut sichtbar fortbewegten und zum Teil mit der Hand gefangen werden konnten. Nach dem Bau von Wehren an der untersten Ahr, die für die Fische unüberwindbar waren, blieben die Lachse jedoch aus. Nach dem Zweiten Weltkrieg verschwanden sie auch aus dem Rhein. Erst in jüngster Vergangenheit werden Versuche gemacht, junge Lachse in den Quellgebieten einzusetzen und damit den Fisch in seinen alten Stammgewässern wieder heimisch werden zu lassen.

Bis ins frühe 20. Jahrhundert bevölkerte die Elritze in großen Mengen die Ahr. Die kleinen Fische, die der Volksmund Rümpchen nennt, kamen in großen Schwärmen vor. Sie waren bei ihren Wanderungen in der Lage, bedeutende Hindernisse zu überspringen. Sie ernährten sich von pflanzlichen Stoffen, Würmern und Insekten. Zwischen Mai und Juli suchten sie ihre Laichgründe an seichten und sandigen Stellen der Flüsse und Bäche auf. Nach sechs Tagen schlüpfen die Jungen, die sehr langsam wachsen und erst im dritten oder vierten Jahr fortpflanzungsfähig sind.

In den Sommermonaten waren die Rümpchen an manchen Stellen so zahlreich, dass sie eine gewerbsmäßige Fischerei möglich machten. Besonders Reimerzhoven bei Altenahr galt in der zweiten Hälfte des 19. Jahrhunderts als Zentrum des Rümpchenfangs. Für viele Familien war der Fischfang der Haupterwerbszweig. Die Ahr wurde jedes Jahr in verschiedene Lose eingeteilt, die etwa anderthalb Kilometer Flussstrecke umfassten. Jeweils vier bis fünf Männer schlossen sich zusammen, um ein Los zu pachten. Für einen Sommer hatten sie dann das Recht, in ihrem Abschnitt den Fischfang auszuüben. Ihre Fanggerätschaften stellten die Fischer in den Wintermonaten selbst her. Im wesentlichen handelte es sich hierbei um eine Reuse, die einfach Fischkorb genannt wurde. Sie wurde aus Weidenruten geflochten und mit Bindfäden zusammengebunden.

Den besten Fang machten die Fischer an den Laichplätzen. Seichte und sonnige Stellen, die die Rümpchen zum Ablaichen bevorzugten, wurden mit Kies eingedämmt. Oben und unten ließ man eine kleine Öffnung für den Wasserdurchfluss, die Mitte sollte möglichst bauchig sein. Am unteren Ende der Eindämmung wurde der Fischkorb angebracht, so dass das abfließende Wasser ihn passieren musste. Wenn sich genügend Fische am Laichplatz eingefunden hatten, wurde der Wasserzulauf möglichst schnell mit großen Stücken Grasnarbe geschlossen, so dass kein Wasser nachfließen konnte. Mit dem abfließenden Wasser wurden die Rümpchen in den Fischkorb gespült. Er wurde verschlossen und nach Hause gebracht. Der beste Fang gelang gegen Abend an sonnigen Tagen, wenn das Wasser an den Laichstellen besonders warm war und sich daher viele Fischchen eingefunden hatten. In der Regel wurde dann am nächsten Morgen der Laichplatz für den nächsten Fang vorbereitet.

Eine zweite Art des Rümpchenfangs war etwas aufwändiger. Die Ahr wurde an einer seichten Stelle auf einer Länge von etwa siebzig bis achtzig Metern mit Steinplatten und großen Grasschollen in zwei Teile geteilt. Zulauf und Ablauf der einen Hälfte wurden schräg abgeschlossen, wobei man jeweils eine kleine Lücke ließ. So entstand eine ruhige Stelle, die die Fische geradezu zum Ablaichen anzog. Nach ein paar Tagen wurde der Zulauf abgedichtet, und die entsprechende Hälfte konnte abgefischt werden. Der Fischkorb wurde in der Lücke des unteren Damms befestigt. Um zu verhindern, dass die Fische über den Damm sprangen, klopfte ein Mann mit einer Hacke kräftig auf einen Stein. Dieses "Dengeln", wie man mundartlich sagte, schreckte die Rümpchen ab, und man musste sie, nachdem das Wasser abgeflossen war, nur noch nach unten in den Fischkorb treiben. Am nächsten Tag wurden am oberen Ende die Platten auf die andere Seite umgelegt, so dass nun dieser Bereich abgefischt werden konnte.

Nach dem Fang blieben die Fische in der Reuse, die erst zu Hause entleert wurde. Nun kam es darauf an, sie möglichst schnell haltbar zu machen. Die Schnur am Ende der Reuse wurde geöffnet, und die Rümpchen wurden in einen Weidenkorb geschüttet. Zunächst sortierte man sie der Größe nach und schreckte sie mit Essig ab. Anschließend gab man sie in einen Topf mit siedendem, stark salzhaltigem Wasser, dem ein Schuss Essig beigegeben worden war. Wenn sich auf der Flüssigkeit ein weißer Schaum gebildet hatte, wurden sie herausgenommen und auf einem Weidenrost getrocknet. Diese so genannten "Hürtchen" hatten die Fischer ebenso wie die Fischkörbe in den Wintermonaten selbst angefertigt.

Die Weide spielte auch beim Transport der Rümpchen ein wichtige Rolle, denn sie lieferte das Verpackungsmaterial. Schon im Frühjahr waren die Stämme der großen Weidenbäume am Ufer der Ahr geschält worden. Die Rinde hatte man auf dem Speicher untergebracht. Jetzt wurde sie in einer Bütte mit Wasser eingeweicht, um sie geschmeidig zu machen. Nachdem die Rindenstücke auf eine Größe von zwanzig mal vierzig Zentimetern zugeschnitten waren, knickte man die vier Seitenteile hoch und schlug die vier Kanten ein, so dass eine kleine Schachtel entstand. Diese wurde mit frischen Blättern ausgelegt und mit ein oder zwei Pfund Rümpchen gefüllt. Auch der Deckel wurde aus Weidenrinde gefaltet. Das Päckchen wurde geschlossen und zum Schluss mit Bindfaden zusammengebunden.

Hauptabsatzmarkt für die Rümpchen waren die Städte Bonn und Köln. Hier galten die kleinen Fischchen von der Ahr als besondere Delikatesse. Feinschmecker wussten, in welchen Gasthäusern dieser Leckerbissen gerade auf der Speisekarte stand. Der Transport an den Rhein war allerdings beschwerlich. Vor dem Eisenbahnbau wurden die Rümpchen in Kiepen auf dem Rücken zu den Verbrauchern getragen. Eine solche Kiepe mochte wohl dreißig bis vierzig Pfund wiegen. Der Fußweg nach Bonn oder Köln über die Höhen der Grafschaft und durch den Kottenforst war also ausgesprochen mühselig.

In den 1870er Jahren gab es jedoch immerhin fünfzig Pfennige für das Pfund Rümpchen - willkommenes Bargeld, mit dem in der Stadt auch gleich das Nötigste eingekauft und in der Kiepe wieder mit nach Hause genommen wurde. Die Rückkehr ins Dorf war dann immer ein kleines Fest. Die Kinder bekamen Spielzeug mitgebracht - etwa eine kleine Flöte - oder einen

Weck. Diese Weckmänner waren sehr begehrt, denn ein solcher Leckerbissen war selten auf dem Land. Man gab ihm sogar einen eigenen Namen: "Der kölsche Jöbbel" wurde er genannt. Wenn der Vater einen "kölsche Jöbbel" mitbrachte, liefen die Kinder ihm bei seiner Heimkehr eine halbe Stunde Wegstrecke entgegen.

Die Zeit des Rümpchenfangs ist vorbei. Der Niedergang begann, als den Fischpächtern seit den 1880er Jahren zur Auflage gemacht wurde, mehr Forellen in die Ahr einzusetzen. Die Forelle als Raubfisch ernährte sich jedoch zu einem großen Teil von jungen Rümpchen, und so wurde deren Bestand immer geringer. Schließlich wurde der Rümpchenfang sogar gesetzlich verboten, um die Forellenbrut zu schützen, denn mit steigendem Forellenbestand wurden bei der Jagd auf die Rümpchen auch viele junge Forellen mit abgefischt. Dennoch gab es auch nach der Jahrhundertwende noch Menschen, die gute Rümpchen zu schätzen wussten.

B. B.

Lithographie von Nicolas Ponsart,
Einwohner des Ahrtals, 1838

Reich gedeckter Tisch

Egidius Blank, Pastor, Eupen, 8. November 1900

"Gutes Essen hält Leib und Seele zusammen. So hieß es schon seinerzeit im Priesterseminar. Und jetzt auch noch Ferkesbuchrouladen mitten in der Woche. Naja, nicht alle Tage werden zwei Schweine geschlachtet. Da ist ein Essen mit frischem Fleisch immer ein schöner Abschluss. Dazu Kartoffeln und saure Bohnen aus dem Steingutfass... wenn das keine gesegnete Mahlzeit ist. Aber Vorsicht, nur nicht zu viel essen, sonst wird das heute Nachmittag nichts Rechtes mit der Rosenkranzandacht im Herz-Jesu-Verein."

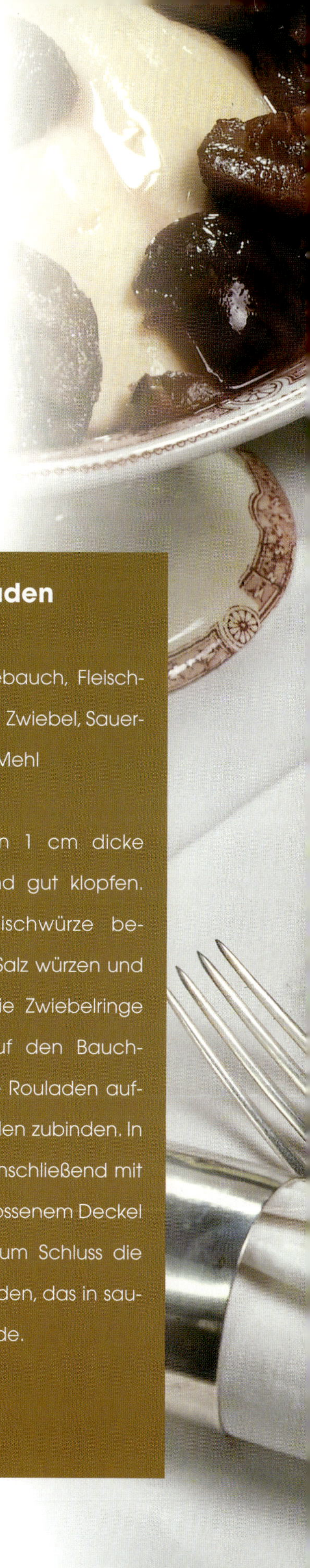

Ferkesbuch-Rouladen

500 g frischer Schweinebauch, Fleischwürze, Salz, Pfeffer, Senf, 1 Zwiebel, Sauerkraut, Fett, saure Sahne, Mehl

Den Schweinebauch in 1 cm dicke Scheiben schneiden und gut klopfen. Die Scheiben mit Fleischwürze beträufeln, mit Pfeffer und Salz würzen und mit Senf bestreichen. Die Zwiebelringe und das Sauerkraut auf den Bauchscheiben ausbreiten. Die Rouladen aufrollen und mit einem Faden zubinden. In heißem Fett anbraten, anschließend mit etwas Wasser bei geschlossenem Deckel langsam gar dünsten. Zum Schluss die Soße mit etwas Mehl binden, das in saurer Sahne angerührt wurde.

Würzgarten

Hausschlachtung beim "Häär Pastur"

Der Pfarrer aus Deudesfeld, Kreis Daun, bei einem gemütlichen Schoppen, um 1903

"Zeig' mir, was du isst, und ich sage dir, wer du bist". Dieser Satz galt vor allem für die Pastöre der Eifel. Ihre Sonderstellung im Dorf konnte man an vielen Kleinigkeiten ablesen. Der vergleichsweise üppig gedeckte Tisch war ein Charakteristikum, das sie vom Rest der Bevölkerung unterschied. Gemüse, Fleisch, Geflügel, Eier und mitunter ein saftiges Wildbret - wer sonst konnte sich solche Genüsse außer an hohen Feiertagen leisten? Aber "der Herr Pastur" oder "der Hàr", wie man in der Südeifel sagte, war nun einmal auch in dieser Hinsicht eine herausragende Persönlichkeit in der dörflichen Gesellschaft, die ansonsten nur die drei sozialen Kategorien Bauer, Handwerker und Tagelöhner kannte.

Der Herr Pfarrer - der übrigens nur im Rheinland wie ansonsten die evangelischen Geistlichen "Pastor" genannt wird - war in der Regel der einzige "Studierte" im Eifeldorf. Seine akademische Ausbildung war hier etwas Besonderes. Selbst Lehrer und Lehrerinnen konnten sich mit ihm nicht vergleichen, hatten sie doch nur ein paar Jahre Lehrerseminar hinter sich, was im 19. Jahrhundert noch nicht einmal an einen Gymnasialabschluss heranreichte. Im übrigen waren die Kenntnisse der Lehrer eher profaner Natur, während sich der Pastor in Latein auszudrücken wusste, der Sprache der Heilsverkündigung der Bibel. All dies gab dem Dorfpastor - Pastor bedeutet bekanntlich "Hirte" - eine Aura der Erhabenheit und der Distanz gegenüber seinen Schäfchen. Sie hatte wohl ihren Ursprung in der Mittlerrolle, die dem Priester zwischen Gott und der ihm anvertrauten Gemeinde zukam. Nicht umsonst führten die Geistlichen bis 1919 die Schulaufsicht über die Volksschulen.

Allerdings darf man sich ein Pfarrhaus nicht wie ein herrschaftliches Anwesen vorstellen. Es unterschied sich baulich nicht wesentlich von den benachbarten Bauernhäusern, wenn es auch nicht zu den kleinsten gehörte. Selbstverständlich verfügte es über einen Wirtschaftsteil, über Scheune und Stall, denn der Pastor hielt sich natürlich Schweine und Hühner und mitunter sogar Kühe, die ebenso wie die Kühe der Bauern auch den Ackerwagen und den Pflug ziehen mussten. Zum Pfarrhaus gehörte neben dem Hühnerstall auch der Pfarrgarten, in dem die Haushälterin das Gemüse für den täglichen Bedarf anbaute.

Die Haushälterin kümmerte sich auch um die Landwirtschaft. Sie versorgte das Vieh im Stall und bestellte - mitunter mit Hilfe eines Knechts oder anderer Bauern - die Felder. Die Landwirtschaft stellte somit für den Pfarrhaushalt eine Art Einkommen dar. Das war um so wichtiger, als in vielen Dörfern der Eifel die Selbstversorgung noch lange Zeit eine große Rolle spielte und es viele Lebensmittel nicht vor Ort zu kaufen gab.

Eine weitere Einkommensquelle rundete das Budget ab: Die Pastöre erhielten von ihren Pfarrkindern für bestimmte Tätigkeiten - heute würde man sagen: Dienstleistungen - Naturalzahlungen. So war es zum Beispiel in vielen Dörfern üblich, nach der in der Beichte erteilten Absolution neben der ohnehin auferlegten Buße dem Pastor Beichteier zukommen zu lassen, die dann den Tisch des Pfarrhauses bereicherten. Die Pastöre hatten also alle Voraussetzungen für einen reich gedeckten Tisch. Die Pfarrhäuser waren für ihr gutes Essen bekannt, und gutes Essen bedeutete in der Eifel in der Regel "reichlich Fleisch".

Solange es weder ein effektives Transportsystem noch Kühlmöglichkeiten gab, mussten Fleischwaren notwendigerweise verbrauchernah produziert werden. Daher hielt der Pastor ein, meistens jedoch zwei Schweine selbst. Wie bei den Bauern wurden die Tiere das ganze Jahr über mit Küchenresten und Gartenabfällen gemästet, um dann an einem kalten Tag im November geschlachtet zu werden. Auf diese Weise sparte man sich in der kalten Jahreszeit die Mühe, ausreichend Futter für die Tiere zu finden.
Ein Schlachttag lief immer in der gleichen Weise ab: Schon morgens früh kam der Hausschlachter ins Pfarrhaus. Meist handelte es sich

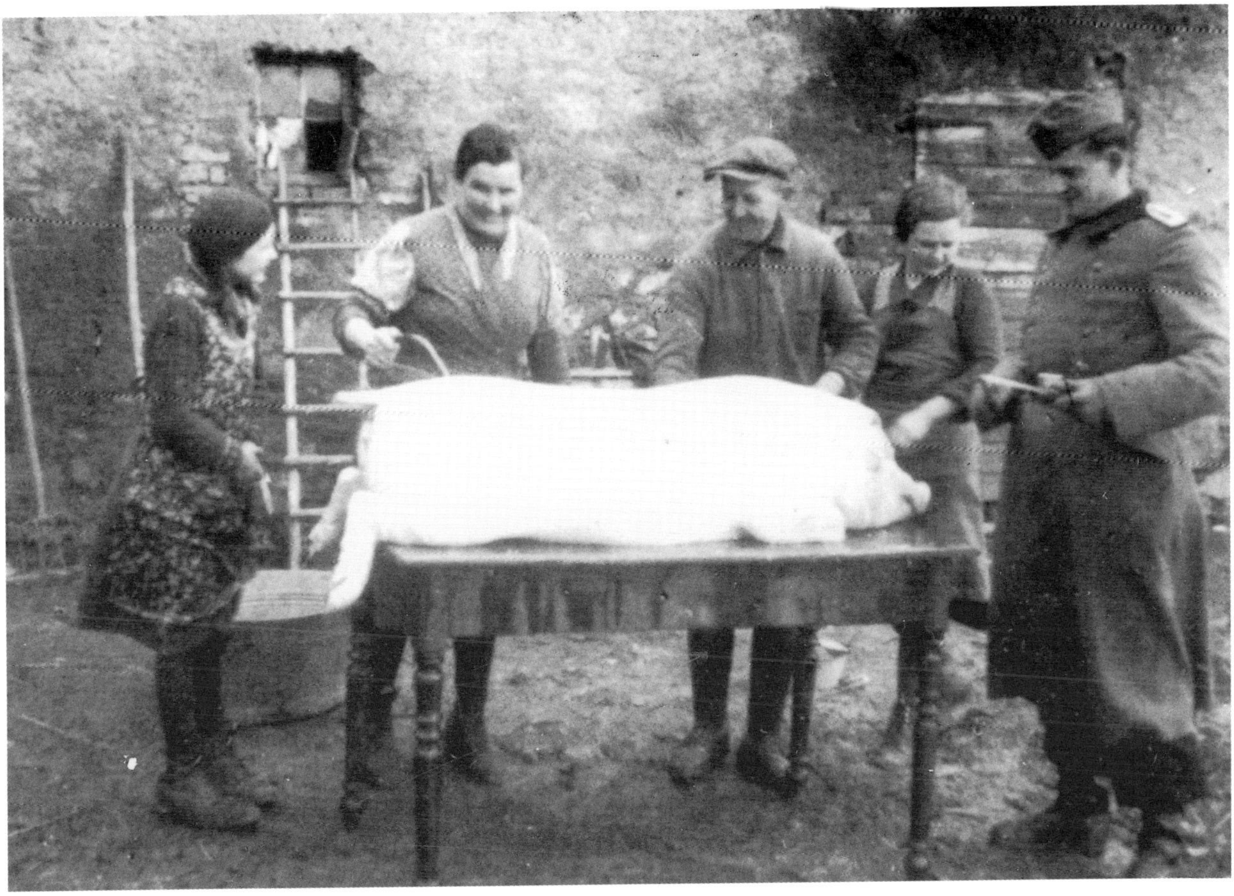

Hausschlachtung im Zweiten Weltkrieg in Mosbruch, Kreis Daun

um einen Metzger aus dem Dorf oder aus einem Nachbarort. Alle Vorbereitungen waren bereits getroffen worden: Die Wanne zum Brühen und die Leiter zum Aufhängen des Schweins waren bereitgestellt, und genügend Wasser war heiß gemacht worden. Dann wurde das Tier aus dem Stall geholt. Oft hatte es Lunte gerochen und weigerte sich instinktiv, den Stall zu verlassen. Schon das Anbringen eines Stricks an einem der Hinterbeine führte zu heftiger Gegenwehr. Dann mussten zwei Männer das Tier mit Gewalt aus dem Stall treiben, was nicht ohne kräftiges Ziehen an den Ohren und Schläge auf das Hinterteil vonstatten ging. Natürlich machte das Schlachtschwein ein Heidenspektakel. Die panischen Angstschreie des Tieres waren meist im ganzen Dorf zu hören.

Im Hof angekommen wurden die Tiere meist mit einem gezielten Axthieb auf den Kopf erschlagen. War der Hausmetzger geübt, genügte ein kräftiger Schlag mit der flachen Rückseite der Axt auf die Stirn des Tieres. Oft genug verfehlte er jedoch sein Ziel, so dass mehrere Schläge nötig wurden. In diesem Fall litten die Tiere besonders, und es soll vorgekommen sein, dass ein angeschlagenes Schwein in panischer Angst ausriss.

Zerlegen eines Hausschweins, Üdersdorf, Kreis Daun, 1938

Effektiver als die Axt war da schon der Stahlbolzen, der dem Schwein vor die Stirn gehalten wurde, um mit einem großen Holzhammer durch die Schädeldecke getrieben zu werden. Am modernsten war jedoch der Bolzenschussapparat. Das Gerät, dass seinen Besitzer als einen professionellen Metzger auswies, wurde mit einer kugellosen Patrone gefüllt und der Sau vor die Stirn gehalten. Auf Knopfdruck schoss der Bolzen heraus und drang dem Tier ins Gehirn, so dass es auf der Stelle umfiel. In der Regel war es sofort tot, auf jeden Fall jedoch betäubt. Jetzt kam es darauf an, schnell zu reagieren: Der Hausmetzger stach dem Schwein in den Hals, um die Halsschlagader zu durchtrennen. Das herausschießende Blut wurde in flachen Schüsseln und Bratpfannen aufgefangen und in einen bereitgehaltenen Eimer geschüttet, denn es wurde für die Herstellung von Blutwurst gebraucht. Es musste dabei ununterbrochen gerührt werden, um die Gerinnung zu verhindern. Wenn der Blutstrom nachließ, wurde mit dem Vorderbein der Sau kräftig gepumpt, damit auch der letzte Blutstropfen genutzt wurde.

Wenn das Tier ausgeblutet war, wurde es für die Entfernung der Borsten vorbereitet. Man legte es in eine Zinkwanne oder auf das hierfür ausgehängte und auf zwei Böcken platzierte Scheunentörchen. Auch eine stabile hölzerne Backmulde war gut geeignet. Das Schwein wurde mit heißem Wasser begossen, die Borsten schabte man anschließend mit einer so genannten eisernen "Schelle" ab. Diese war nach ihrer Form benannt: Sie sah aus wie eine kleine, oben spitz zulaufende Glocke. Andernorts war sie deshalb auch als "Glocke" oder "Hörnchen" bekannt. Sie wurde mit einer oder beiden Händen fest umfasst und über die Schwarte gezogen. Feinarbeiten zum Beispiel an den Klauen oder den Ohren erledigte man mit einem besonders scharfen Messer.

Sobald man dem nun glatt rasierten Schwein mit dem am oberen Ende der "Schelle" angebrachten Haken die Klauen ausgerissen hatte, wurde es auf eine kurze Leiter gebunden. Diese stellte man dann aufrecht gegen das Scheunentor. Der Hausmetzger schnitt dem Schwein nun von oben bis unten den Bauch auf, so dass die Eingeweide herausgenommen werden konnten. Leber, Herz, Lunge, Nieren, die Blase und die Därme, alles wurde weiter verwendet, nichts - mit Ausnahme der Galle - weggeworfen. Zum Abschluss des ersten Schlachttages wurde noch der Schädel des Tieres gespalten, um das Gehirn herauszuholen, dass von manchen Leuten als Delikatesse geschätzt wurde. Dann ließ man das Schwein auf der Leiter erkalten, um es am nächsten Tag besser verarbeiten zu können. Damit sich die Hunde nicht in einem unbewachten Augenblick an dem Tier vergriffen, wurde ein Leinentuch vorgebunden. Abends trug man es ins Haus.

Der zweite Schlachttag war der Weiterverarbeitung und dem Haltbarmachen gewidmet. Zunächst jedoch kam der amtliche Fleischbeschauer, der das Tier auf Trichinen untersuchte und nach der Abnahme die geprüften Stücke mit einem Stempel kennzeichnete. Anschließend wurde das Schwein zerlegt. Die Schinken, magerer und fetter Speck, Bauchfleisch, Füße, Ohren, Kopf und Schwanz wurden in einer Fleischbütte im Keller eingesalzen. Der Fettstrang im Nierenbereich wurde herausgetrennt, durch den Fleischwolf gedreht und in einem Bräter zu Schmalz ausgelassen. Währenddessen machte sich der Metzger schon an das Reinigen der Därme, die mehrfach mit heißem Wasser gespült wurden. Das von den Knochen abgefegte Fleisch kochte man in einem großen Kessel, anschließend drehte man es getrennt für Leber- und Blutwurst durch den Fleischwolf. Dem Fleisch für die Leberwurst wurden Leber, Schmalzgrieben, Zwiebeln und Fleischbrühe, dem für die Blutwurst Grieben, Zwiebeln, Fleischbrühe und erhitztes Blut beigemischt.

Der Hausschlachter schraubte einen rohrförmigen Vorsatz auf die Wurstmaschine, der die Form eines größeren Fleischwolfs hatte. Auf diesen Vorsatz wurden die gewaschenen Dünndärme aufgezogen. Eine Person befüllte die Mühle mit der gewürzten Wurstmasse, während ein anderer die Mühle drehte. Die Wurstmasse wurde so in den Darm gedrückt, und der Metzger konnte sie durch Abbinden mit der Wurstkordel portionieren. Die fertigen Würste wurden in einem großen Topf auf dem Küchenherd gekocht und schließlich zum Abkühlen und Trocknen auf eine Stange gehängt. Zum Schutz vor Hunden, Katzen und Mäusen mussten sie möglichst hoch hängen. All diese Arbeiten liefen im Pfarrhaus genau so ab wie in jedem anderen bäuerlichen Haushalt. Neben dem Hausmetzger hatte hier die Haushälterin die meiste Arbeit.

B. B.

Süßes im Überfluss

Haribo
macht Kinder fro
Samoa

Nikola Poschen, Geburtstagskind, Simmerath, 29.Juli 2002

"Na endlich! Die Geburtstagsgäste sind weg... Die Feier war ja ganz toll, vor allem die Schnitzeljagd im Wald, aber jetzt will ich endlich in Ruhe mein neues Video ansehn, das die Lena mir geschenkt hat. 'Emil und die Detektive', davon haben die anderen schon viel erzählt. Ob ich dabei noch ein bisschen Haribo probieren soll? Eigentlich gab's ja heute Nachmittag genug Kuchen und Limo, und dann noch im Wald Plätzchen und Schokolade. Hoffentlich schimpft Mama nachher nicht mit mir, wenn ich beim Abendessen mal wieder keinen Hunger habe..."

Süßigkeiten

Werbung der Firma Haribo aus den 1930er Jahren

Bonbons und Überraschungseier an (fast) allen Supermarktkassen, Karnevalszüge, bei denen Tonnen von "Kamellen" manchmal zweifelhafter Provenienz unter die Leute gebracht werden, Werbung für Schokoriegel und Gummibärchen auf allen Kanälen - wir leben in einer Zeit des Überflusses, in der Süßes nichts Besonderes, Wertvolles mehr ist, sondern sich zum Grundnahrungsmittel für Jung und Alt entwickelt hat: Beim Fernsehen schaut die Zwölfjährige mit einem Auge auf den Bildschirm, während sie mit dem anderen den Pegelstand in ihrer Haribo-Tüte kontrolliert. Und auch die Eltern greifen gern, aus Langeweile oder für den kleinen Hunger zwischendurch, zum Müsliriegel oder zur Schokolade.

Kein Wunder also, dass Deutschland nach den Vereinigten Staaten der zweitgrößte Produzent von Süßwaren in der Welt ist. Im Jahr 2001 aß jeder Deutsche im Schnitt 30 Kilogramm Süßigkeiten - das freut die Industrie und stimmt die Zahnärzte und Ernährungswissenschaftler bedenklich. Dass die Kinder der westlichen Hemisphäre, zumindest in dieser speziellen Hinsicht, heute in einer süßen Welt aufwachsen, ist allerdings keine Selbstverständlichkeit. Historisch gesehen handelt es sich um die aktuelle Phase einer Entwicklung, die in Deutschland vor kaum mehr als hundert Jahren begann und weite Teile der Bevölkerung erst vor wenigen Jahrzehnten erreichte.

Das Rheinland war und ist eines der bedeutendsten Anbaugebiete der Zuckerrübe. Sie wird noch heute an verschiedenen Standorten in industriellem Maßstab zu Zucker verarbeitet. Mitte des 19. Jahrhunderts wurde Rübenzucker - als wichtigster Rohstoff für Süßes aller Art - allmählich preiswerter. Damit wurden auch die schon lange bekannten und begehrten Bonbons erschwinglich, ohne allerdings vorerst zum Massenartikel zu werden. Auch die Schokolade blieb zunächst ein Luxusgut für wenige; erst Ende des 19. Jahrhunderts trat sie ihren Siegeszug in allen Schichten der Bevölkerung an. Der zunehmende Konsum setzte, ähnlich wie bei anderen Süßwaren, die industrielle Massenfertigung mit Hilfe spezieller Maschinen voraus. Die Firma Stollwerck in Köln, die bereits seit Jahrzehnten Bonbons produziert hatte, und der Konkurrent Trumpf in Aachen zählten seinerzeit zu den größten und renommiertesten Herstellern von Schokolade im Rheinland. Ihre unverwechselbaren Tafeln dürften auch in den Kolonialwarenläden der Eifel verkauft worden sein und zahlreiche Liebhaber gefunden haben.

Das erste Fabrik-Gebäude von Haribo in Bonn-Kessenich, um 1920

Die ersten Gummibären hatten noch eine schlanke Form

HARIBO

"HARIBO macht Kinder froh, und Erwachsene ebenso" - Generationen von Leckermäulern haben sich von diesem Werbeslogan - sicherlich einem der bekanntesten in Deutschland - zum Genuss von Süßigkeiten verführen lassen. 1920 gegründet, entwickelte sich die Firma HARIBO - Hans Riegel Bonn - schnell zu einem der bedeutendsten und erfolgreichsten Produzenten von Süßwaren aller Art.

Urahn des heutigen Goldbärs, der Lieblingsnascherei nicht nur von Thomas Gottschalk, war der "Tanzbär", den der junge Bonbonfabrikant Hans Riegel 1922 entworfen hatte. Er war noch etwas größer und schlanker als sein aktueller Artgenosse. Im Gegensatz zur heutigen Tagesproduktion von 80 Millionen Goldbären wurde die Fruchtgummimasse für den "Tanzbär" noch von Hand in die Formen gegossen. Mit einem Pfennig konnten sich die Kinder damals im Krämerladen genau zwei der begehrten Bären kaufen. Seit den 1920er Jahren ist der Firmensitz in Bonn-Kessenich. Daneben produzieren zahlreiche weitere Fabriken der HARIBO-Firmengruppe im In- und Ausland nicht nur die berühmten Bären, sondern Süßigkeiten aller Art und für jeden Geschmack.

In der Regel war aber der Genuss von Süßigkeiten noch lange besonderen Anlässen vorbehalten: Die bunte Schultüte, gefüllt mit Schokolade und Bonbons, für die Erstklässler, die Packung Katzenzungen zu Weihnachten, die große Rolle Drops zum Geburtstag und das Tütchen "Ahoi"-Brause - am besten mit Waldmeister-Geschmack! - als Belohnung für die gelungene Klassenarbeit markierten für Geber wie Empfänger nicht alltägliche Ereignisse und ließen Kinderaugen strahlen. Solange es den meisten Familien - gerade in einer nicht eben wohlhabenden Region wie der Eifel - schwer genug fiel, im Alltag finanziell über die Runden zu kommen, blieben auch die von der Industrie angebotenen Süßigkeiten Luxusartikel, deren Kauf gut überlegt werden musste. Der Alltag bestand für die Kinder stattdessen im Obst der Saison - wie Birnen und Äpfel, im Winter als Schnitze getrocknet -, hin und wieder auch in Kamellen, die von der Mutter auf dem Herd selbst gekocht worden waren, und auch schon einmal, wenn der Vater spendabler Laune war, in Malzbonbons oder bunten Drops vom Händler auf dem Markt.

Erst der Weg in die Überflussgesellschaft, auf den sich die bundesrepublikanische Gesellschaft in den 1950er Jahren begab, ließ Kekse und Schokolade, Lakritzschnecken und Fruchtgummis zum selbstverständlichen Bestandteil der kindlichen Lebenswelt werden. Auch in dieser Beziehung aber gilt, dass gerade der Mangel die Dinge kostbar und begehrenswert macht. Die Inflation der Süßigkeiten relativiert in vielen Fällen den Wert, der ihnen zugemessen wird - der Großteil der beim Karnevalszug so eifrig gesammelten Kaugummis, Bonbons und Lutscher wandert nicht in Mund und Magen, sondern früher oder später in die Tonne.

M. K.

Eäpele - Grumpere - Tuffele

Maria Lehmann, Kleinbäuerin, Breidscheid, 4. November 1926

" Puh, jetzt im November ist es schon richtig winterlich draußen. Wenn man eine halbe Stunde durch den Wald gelaufen ist, geht einem die Kälte durch und durch. Mein Mann Köbes und mein Bruder Mättes sind beim Holzmachen ja ständig in Bewegung. Die merken das nicht so.
Das Esskesselchen mit dem aufgewärmten Döppekoche wird ihnen gut tun. Die Kartoffeln geben Kraft, wenn ich auch mit dem Speck ein bisschen knapp war. Aber gerade jetzt im Herbst geht doch nichts über einen guten Döppekoche."

Döppekoche

1 kg Kartoffeln, 2 Eier, 1 Zwiebel, 250 g durchwachsener Speck, 1 Teelöffel Muskat, Fett

Kartoffeln schälen und reiben, Wasser von der Kartoffelmasse entfernen (am besten durch ein Leintuch drücken). Eier, Salz, Muskat und geriebene Zwiebel hinzufügen und alles gut vermischen. Einen gusseisernen Topf oder eine feuerfeste Keramikform einfetten und den Boden mit Speckscheiben belegen. Den restlichen Speck in Würfel schneiden und unter die Kartoffelmasse geben. Diese in den Topf füllen und das Ganze etwa 2 Stunden bei 200 Grad im Backofen backen. Wenn der Döppekoche eine schöne braune Kruste hat, ist er gar. Hierzu schmeckt Apfelkompott.

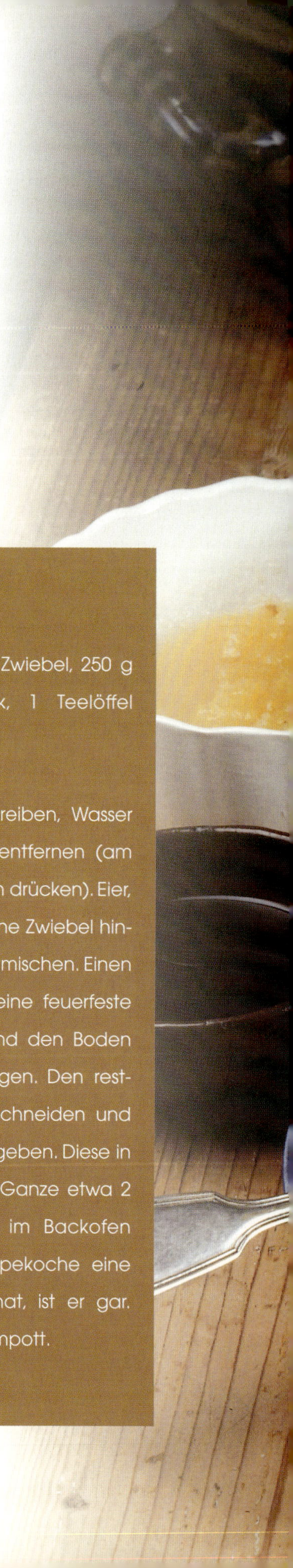

Die Erfolgsgeschichte einer Knolle

Ehepaar in Bleckhausen, Kreis Daun, um 1903

Salzkartoffeln, Pellkartoffeln, Reibekuchen, Klöße, Pürree, Döppekoche, Bratkartoffeln, Schnibbelcheskoche, Gefüllte Kartoffeln, Kartoffelsuppe - die Aufzählung erhebt nicht den Anspruch auf Vollständigkeit, macht aber deutlich, wie variabel die Kartoffel zubereitet werden kann und welch große Bedeutung ihr früher für die Ernährung der Eifelbewohner zukam.

Die ursprünglich aus Südamerika stammende Knolle fand über Flandern ihren Weg in die Eifel. Nachrichten über Kartoffeln an der Flandrischen Küste finden sich schon aus dem 17. Jahrhundert. Von hier aus verbreitete sie sich in Richtung Osten. In die Eifel scheint sie auf zwei Wegen gekommen zu sein: einerseits auf dem Landweg über die Provinzen Brabant und Limburg, wo sie um 1720 nachgewiesen ist, andererseits über den pulsierenden Wirtschaftsweg Rhein, der die oberdeutschen Städte mit den holländischen Wirtschaftszentren verband. So fand die neue Frucht von Norden und über Rhein und Mosel auch von Osten und Süden ihren Weg ins Eifeler Mittelgebirge. Bis heute spiegeln die mundartlichen Bezeichnungen für Kartoffeln diese Ausbreitungsrichtungen wieder: Während sie in der Nordeifel als "Eärpele" (vom hochdeutschen Grundwort Apfel, Erdäpfel) bezeichnet werden, nennt man sie im südlichen Teil "Grompere" oder "Jrompere" (Verballhornung von "Grumbeere", was auf Grundbirne zurückzuführen ist). Im äußersten Osten zum Mittelrhein hin wird sie in einigen Ortschaften "Tuffel" (von Kartoffel) genannt. Die hochdeutsche Bezeichnung Kartoffel stammt vom Italienischen "taratopholi" ab. In Italien wurde sie wegen ihrer Ähnlichkeit mit der Trüffel so bezeichnet. Dies zeigt schon, welch hohen Wert man dieser neuen Feldfrucht zumaß.

Kartoffelgraber

In der Eifel hatte es die Obrigkeit - anders als in Brandenburg Friedrich

II. - nicht nötig, die Bevölkerung zum Anbau der Kartoffel anzuhalten. Denn diese wies so viele Vorteile auf, dass sie sich nach wenigen Jahrzehnten überall durchgesetzt hatte. Zunächst einmal brauchte man für ihren Anbau keine neuen Arbeitsgeräte oder Maschinen, sondern ein Pflug oder eine Hacke reichten aus. Die Kartoffel war ausgesprochen ergiebig, gedieh auf dem kleinsten Acker und konnte selbst von Tagelöhnern, die nicht über eigenes Land verfügten, im Garten angebaut werden. So ist es nicht verwunderlich, dass gerade die bäuerliche Unterschicht mit ihrer Hilfe die eigene Versorgungslage zu verbessern begann. Aber auch die Bauern merkten schnell, dass die Kartoffel nicht nur auf den meisten Eifelböden sehr gut gedieh, sondern dass sie auch nicht mit Abgaben belastet war. Für die übrigen Feldfrüchte war von Alters her der Zehnt an den Grundherren zu zahlen. Das Aufkommen neuer Feldfrüchte war bei diesem Abgabensystem nicht ein-

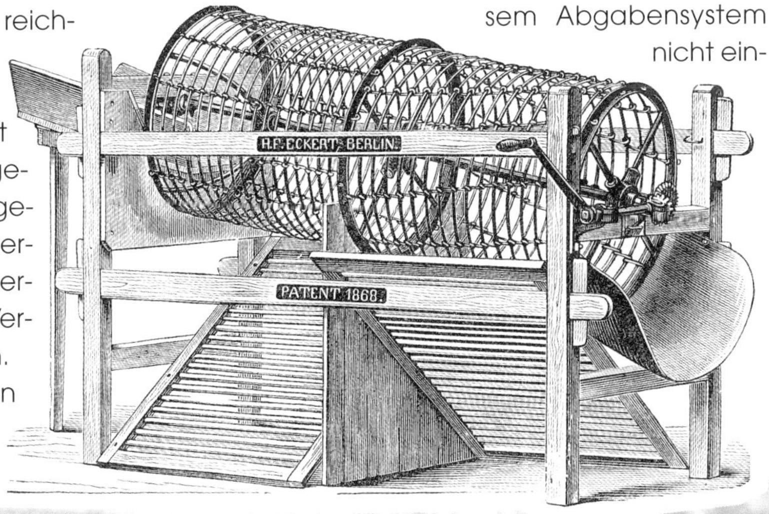

Kartoffelsortiermaschine

Kartoffelernte in Bereborn, Kreis Daun, 1935

Kaffeepause bei der Kartoffelernte in Neichen, Kreis Daun, 1932

geplant. Die großen Grundherrschaften reagierten jedoch bald mit neuen Verordnungen, nachdem sie festgestellt hatten, dass ihnen durch den zunehmenden Kartoffelanbau Einnahmen verloren gingen. Dass am 15. Februar 1737 im Trierer Erzstift der Kartoffelzehnt eingeführt wurde, ist ein Zeichen dafür, dass sich die Kartoffel zumindest im Trierischen zu dieser Zeit allgemein durchgesetzt hatte.

In den höher gelegenen Teilen der Eifel dauerte der Siegeszug der Kartoffel etwas länger. Besonders in Gebieten, in denen intensiv Schafhaltung betrieben wurde, wie etwa in der Gegend um Adenau, gab es einige Hindernisse zu überwinden. Hier stand das System der Dreifelderwirtschaft mit ihrem Wechsel von Wintergetreide, Sommergetreide und Brache im dreijährigen Rhythmus dem feldmäßigen Anbau der Kartoffel entgegen. Die Brache, in die die Kartoffel eigentlich hätte eingebracht werden müssen, wurde als Weide für die Schafe gebraucht und stand somit nicht zur Verfügung. Erst allmählich kam die Kartoffel hier als Gartenpflanze der Kleinbauern auf.

Ihre größten Bewährungsproben bestand die Kartoffel in den Jahren, in denen das Getreide wegen schlechter Witterung nicht geriet. Besonders in den katastrophalen Notjahren Ende des 18. und Anfang des 19. Jahrhunderts wurde auch den letzten Zweiflern klar, dass die Kartoffel sich nicht nur als Viehfutter, sondern auch als Nahrungsmittel für den Menschen eignete. Für die geologischen Bedingungen der Eifel war sie denkbar gut geeignet. Denn sie stellt keine allzu großen Ansprüche an den Boden und gedeiht überall dort, wo auch Hafer wächst. Auch ausgelaugte, sandige Böden mit wenig Nährstoffen bekommen ihr gut; nährstoffreiche Böden vulkanischen Ursprungs, wie sie etwa im Maifeld zu finden sind, sind darüber hinaus eine gute Voraussetzung für Höchsterträge. Auch das eher kühle und feuchte Mittelgebirgsklima der Eifel kommt der Kartoffel zustatten. Nur Frost verträgt sie nicht, da die Blätter schon bei wenigen Graden unter Null erfrieren.

B. B.

Reform-Heureka-Futterdämpfer

Schnelles aus der Truhe

Sigrid Gorges, Geschäftsfrau, Bausendorf, 18. März 1985

"Nein, zur Ratskrone nach Ürzig oder zum Trierer Wienerwald gehen wir nicht mehr. Jetzt ist der Italiener in. Am liebsten esse ich ja Pizza Funghi, die ist mit Champignons. Natürlich kann ich die auch selber machen. Das ist ein Gedicht, sag' ich immer, und mein Mann findet die besser als beim Italiener, weil mehr drauf ist. Und dann kann sich auch jeder seine Ecke selbst belegen; die Kinder sind ganz wild darauf. Die hätten am liebsten jeden Tag Pizza. Nur meine Eltern schimpfen dann immer, die wohnen im selben Haus, eine Etage höher, die können schon nicht den Geruch ab. Aber wenn man berufstätig ist, zwei Kinder hat und ein Haus putzen muss, dann ist man froh, dass es jetzt auch die Tiefkühlpizza gibt. Wenn es mal ganz eng wird, tu ich schnell die Fertigpizza in den Backofen, währenddessen habe ich schon den Hausflur geputzt."

Trink
Coca-Cola

Tiefkühlgerichte

Kühlschränke erleichterten zunächst die Verarbeitung von Schlachtfleisch, die Vorratshaltung von Fertiggerichten folgte erst ab den 1980er Jahren

Der allgemeine Speisezettel unterliegt, über die Jahrzehnte betrachtet, gewaltigen Veränderungen. Notzeiten spielen ebenso eine Rolle wie die Einführung neuer Lebensmittel, technische Neuerungen oder eine Steigerung des Lebensstandards. Im ländlichen Raum der Eifel waren die Ernährungsgewohnheiten - unter anderem aufgrund der schwierigen wirtschaftlichen Situation - allerdings bis zur Mitte des 20. Jahrhunderts weitgehend konstant. Nach 1950 setzte jedoch eine Aufsplitterung nach den sozialen Gruppen ein. Am längsten hielt sich die herkömmliche Ernährung im bäuerlichen Haushalt. Je mehr man sich dem städtischen Raum näherte, desto deutlicher wurden neuere Einflüsse. Entsprechendes galt für die verschiedenen Altersgruppen. Vor allem die Älteren hielten an den gewohnten Gerichten fest. Junge Familien mit kleinen Kindern reagierten dagegen am schnellsten auf Neuerungen, vor allen Dingen, wenn die jungen Eltern nicht aus einem bäuerlichen Umfeld stammten. Der gestiegene Lebensstandard und Importe von Lebensmitteln aus anderen, auch weit entfernten Ländern, ermöglichten vorher nicht gekannte Zubereitungsarten und auch ganz neue Gerichte. Weniger gut schmeckende Gerichte ließ man einfach fallen. Von größerem Einfluss auf die Essgewohnheiten waren sicherlich auch die Flüchtlinge nach dem Zweiten Weltkrieg, die Stationierungen ausländischer Truppen, wie beispielsweise der Amerikaner in Bitburg, und die Gastarbeiter aus Italien oder später der Türkei. Dazu kamen noch allgemeine Trends, wie die Fresswelle oder die Schlankheitswelle, die nach und nach weite Teile der Bevölkerung erfassten. Alle diese Faktoren haben das Essverhalten beeinflusst.

An einem einfachen Gericht wie einer Tiefkühlpizza lassen sich die veränderten Lebensbedingungen exemplarisch ablesen. Um eine Pizza überhaupt schätzen zu können, sollte man verschiedene Erfahrungen mitbringen. Zunächst lernten die Deutschen dieses Gericht nur im Urlaubsland Italien kennen. Italien gehörte Anfang der 1960er Jahre zu den beliebtesten Urlaubsländern. Steigende Löhne eröffneten den Weg in eine neue Konsumwelt. Auf den nun möglichen Reisen ins benachbarte Ausland ergaben sich neue Erfahrungen auch im Bereich der Gastronomie. Zunächst Spaghetti und später auch Pizza waren preiswerte Gerichte am Urlaubsort, und den Flair der Urlaubszeit wollte man sich gern auch zu Hause gönnen. Das ebnete zunächst italienischen Restaurants den Weg. Das ehemalige "Arme-Leute-Reste-Essen" Pizza wurde zum Renner bei jüngeren Leuten und Kindern, und der "Italiener an der Ecke" wurde nur zu gern aufgesucht. In der Folgezeit wurde es modern, Pizza selbst herzustellen; je dicker der Belag, desto stolzer die Hausfrau. Und dank des grenzlosen Warenverkehrs und veränderten Produktionsmethoden gab es die erforderlichen Zutaten wie beispielsweise Paprika oder Tomaten jetzt zu jeder Jahreszeit. Letztere gewannen besonders an Beliebtheit, nicht nur für Pizza, sondern auch für Salate. Wurden 1950 noch durchschnittlich etwa 900 g in Arbeitnehmerhaushalten gegessen, so waren es 1963 schon knapp 1300 g. Dabei waren Tomaten in Deutschland noch vor dem Ersten Weltkrieg nahezu unbekannt. Ab den 1950er Jahren wurde der Markt jedoch so internationalisiert, dass die roten Früchte das ganze Jahr über erhältlich sind. Im Oktober kann man spanische Tomaten kaufen, es folgen die kanarischen ab November, aus Marokko kommen sie ab April, dann schicken Niederländer, Belgier und Italiener ihre Treibhausprodukte. Das wechselnde Lebensmittelangebot führte aber in der folgenden Zeit nicht nur zum "Selbermachen" von Pizza. Denn revolutioniert wurde das Nahrungsangebot durch die

Tiefkühlgerichte in der Eifel?

Im ländlichen Raum der Eifel hat man erst spät zu vorgefertigten Gerichten gegriffen. Man verwendete vorrangig Gemüse aus dem eigenen Garten, das eingeweckt oder in der Tiefkühltruhe eingefroren wurde. Fleisch wurde in größeren Mengen gekauft, portioniert und in der "Truhe" im Vorrat gehalten. Auch heute ist das vielfach noch üblich, denn die Wege zum nächsten Supermarkt sind häufig lang. Komplette Tiefkühlgerichte dagegen sind eher etwas für den Notfall und für Familien, in denen beide Partner berufstätig sind.

Typischer Hausgarten Schmitten/Schroden, Kreis Bitburg

Selbstgemachte Pizza war üppig belegt in vielen Varianten beliebt

Möglichkeit, Lebensmittel wie Spinat oder später auch Teig als Tiefkühlware zu verkaufen. Voraussetzung für die längere Aufbewahrung war ein Kühlschrank. In der Eifel wurden zunächst häufig Gefrieranlagen gemeinschaftlich genutzt. Sie wurden in den 1950er Jahren im Gemeindehaus, im Schulgebäude oder im nicht mehr benötigten Backhaus eingerichtet. Jede Familie, die sich beteiligte, erhielt ein verschließbares Gefrierfach. Gerade für bäuerliche Betriebe waren diese Maßnahmen ein Fortschritt, denn Schlachtfleisch ließ sich so sehr schnell und einfach verarbeiten. In den 1950er Jahren fanden aber auch die ersten Kühlschränke Eingang in die Privathaushalte. Gab es auf dem Hof eine Kühlmöglichkeit im Keller, entschloss man sich oft zunächst für den Erwerb einer Gefriertruhe. Eine umfangreiche Vorratshaltung ist im bäuerlichen Betrieb auf dem Lande sehr viel wichtiger als in der Stadt mit ihren schnellen und bequemen Einkaufsmöglichkeiten. Vom Tiefkühlprodukt war es dann kein großer Schritt mehr zum Fertiggericht. Mit den veränderten Arbeitsbedingungen - häufig sind beide Ehepartner berufstätig, auch dann, wenn sie Kinder haben - entstand eine steigende Nachfrage nach solchen Produkten. Mit "Bofrost" und dem "Eismann" kamen in der Eifel die tiefgekühlten Gerichte ins Haus. Pizza wurde beispielsweise ab den 1980er Jahren zum Massenprodukt vom Fließband, etwas für die "schnelle Küche", wenn die Zeit nicht zum Kochen reicht. Gerade bei Kindern kam und kommt sie immer gut an. Aber auch für alleinstehende Frauen war Pizza ein beliebtes Gericht. Zu speziellen Gelegenheiten, wie zum Beispiel an Geburtstagen, wurde es durchaus auch den Gästen serviert. Im letzteren Fall war es dann wohl aber eine selbst zubereitete Pizza. Im Vergleich dazu scheinen Männer generell eher an traditionellen Gerichten festzuhalten.

So erlebte die Pizza eine abwechslungsreiche Karriere vom fast schon exotischen Essen im Urlaubsland über den Genuss beim Italiener vor Ort zum üppigen in der eigenen Küche hergestellten Mahl, bis sie schließlich in vielen

Varianten zum billigen Fertiggericht wurde. In der sogenannten Freizeitgesellschaft geht der Trend mehr zu Fast Food und Fertiggerichten einerseits und andererseits zu aufwändig konzipierten und gekochten Menüs, mit denen man die Gäste zu beeindrucken versucht. Letztlich aber ist das Essverhalten auch in der Eifel heutzutage so unterschiedlich, dass sich kaum mehr eindeutige Regeln ableiten lassen - der Trend zur Individualisierung zeigt sich auch beim Essen.

M. B.

Im Urlaubsort schmeckte die Pizza aus dem Steinofen besonders gut

Fahrplan und Speiseplan

7 3 52 Vorsuppe
Kartoffelsalat
Fischfilet

Hans-Georg Pohl, Rangierer, Jünkerath, 1.Oktober 1935

"Endlich Mittagspause! Bei meiner Arbeit draußen im Bahnhof hab' ich es nicht so warm und gemütlich wie hier beim Essen. Ein Glück, dass wir in Jünkerath eine eigene Kantine haben - die Kollegen in den kleineren Stationen haben's nicht so gut... Ganz verstehe ich ja nicht, warum die anderen sich immer wieder über den 'Kantinenfraß' beklagen - der Koch ist doch gar nicht mal schlecht, und die Portionen sind reichlich. Wenn nur der Speiseplan etwas abwechslungsreicher wäre... Aber Sauerkraut mit Rippchen kann ich eigentlich immer essen. Ein schönes Bitburger dazu statt dem ewigen Birresborner wär' auch was Feines - aber dafür ist die Arbeit zwischen den Güterwagen dann doch zu gefährlich..."

Rippchen mit Sauerkraut

1 kg Sauerkraut, 1 Apfel, 1 Zwiebel, 2 Lorbeerblätter, 10 Wacholderbeeren, 500 g Schweinerippe, Wasser oder Brühe

Den Apfel schälen und vierteln, die Zwiebel in Würfel schneiden. Beides mit dem Sauerkraut, den Lorbeerblättern, den Wacholderbeeren und der Schweinerippe in den Kochtopf geben und mit reichlich Wasser oder Brühe auffüllen. Anderthalb Stunden auf kleiner Flamme kochen lassen; bei Bedarf Flüssigkeit nachfüllen. Mit Salzkartoffeln oder Kartoffelbrei servieren.

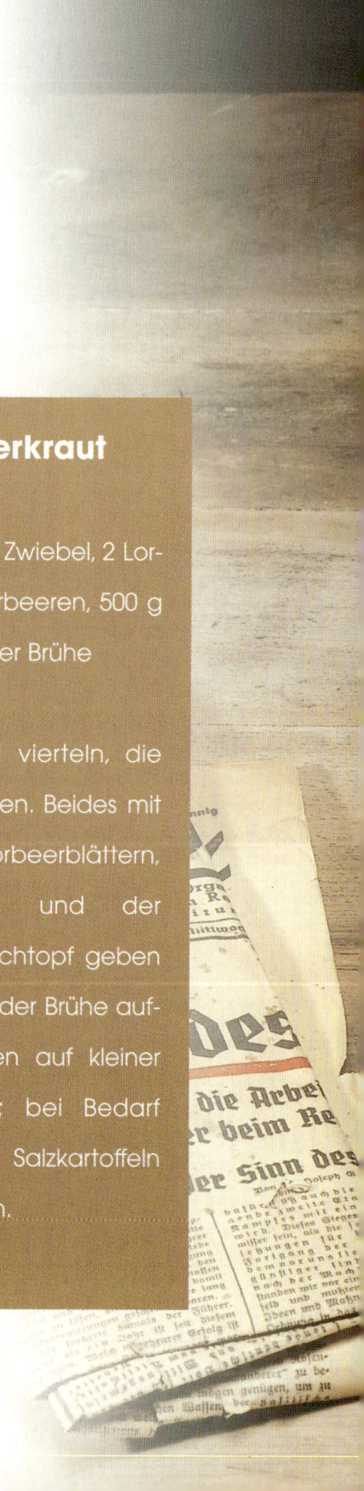

Essen bei der Eisenbahn

Essenkarten für Vertragsgaststätten der Bundesbahn, um 1970.

Als 1871 der erste durchgehende Zug von Euskirchen nach Trier fuhr, begann in der Eifel das Zeitalter der Eisenbahn. In den Jahrzehnten bis zum Ersten Weltkrieg wurde eine Reihe von weiteren Verbindungen eröffnet, so dass zwischen Rhein, Mosel und Hohem Venn ein vergleichsweise dichtes Streckennetz entstand.

Die zuvor auf schlechten Straßen kaum erreichbaren Dörfer und Städtchen der Eifel profitierten erheblich vom Bau der Eisenbahnen, bedeutete er doch den ersehnten Anschluss an die große weite Welt. Nicht nur die Menschen, auch die Waren wurden mobiler: Von den Güterschuppen und Ladegleisen fanden die landestypischen Agrarprodukte - wie Schlachtvieh und Milch - schnell und günstig den Weg in die großen Städte und Ballungsgebiete am Rande der Eifel. Erst die Bahn erschloss so der Landwirtschaft ganz neue, aufnahmefähige Absatzgebiete. Im Gegenzug brachten die Güterzüge mancherlei Waren des täglichen Bedarfs, die dazu beitrugen, Arbeit und Alltag zu verändern. Zu ihnen zählten nicht nur moderne Maschinen und Gerätschaften für Haus und Gewerbe, sondern auch die Produkte der immer mehr an Bedeutung gewinnenden Nahrungsmittelindustrie: Der Eifeler Speiseplan gewann an Vielfalt und Abwechslung - jedenfalls für diejenigen, die es sich leisten konnten.

Von Beginn an entwickelte sich die Eisenbahn zu einem der größten Arbeitgeber in der wirtschaftlich schwachen Eifelregion. Lokführer und Heizer, Stationsvorsteher und Schalterbeamte, Rangierer und Schrankenwärter - im Zeitalter stillgelegter Strecken, geschlossener Bahnhöfe und pannenanfälliger Fahrkartenautomaten ist kaum mehr vorstellbar, wie viele fleißige Hände einst notwendig waren, um die Züge am Laufen und Menschen wie Güter in Bewegung zu halten. Die Eisenbahner hatten, jeder auf seine Weise, einen verantwortungsvollen und häufig genug auch körperlich anstrengenden Beruf, der ihnen bei Wind und Wetter alles abverlangte: "Die eigentümliche Natur des Eisenbahnbetriebes bringt es mit sich, dass die dienstlichen Anforderungen, die an das Personal gestellt werden müssen, weitergehend sind, als in den meisten anderen Betrieben" - so das 1911 erschienene Kompendium "Das Deutsche Eisenbahnwesen der Gegenwart".

Da den Eisenbahnverwaltungen klar war, dass nur zufriedene Mitarbeiter ihre Aufgaben sorgsam und effizient erfüllten, legten sie auf die

"Wohlfahrtspflege" ihrer Beschäftigten traditionell großen Wert. Dazu gehörten nicht nur etwa vernünftige Übernachtungsmöglichkeiten für die fahrenden Personale, Wohnungsfürsorge und Gesundheitseinrichtungen, sondern auch die Organisation der Verpflegung am Arbeitsplatz. So verfügten beispielsweise die Stationen über Pausen- und Aufenthaltsräume, in denen die Eisenbahner Speisen und Getränke zubereiten oder das von zu Hause mitgebrachte Essen aufwärmen konnten. Den Bahnarbeitern an der freien Strecke standen transportable Feldherde zur Verfügung, und in den Gepäck- und Güterwagen der Züge gab es Gaskocher bzw. eiserne Kohleöfen. Besonders gut hatten es zu Zeiten des Dampfbetriebs Heizer und Lokomotivführer, konnten sie doch ihre Henkelmänner direkt in eigens dafür vorgesehenen Vorrichtungen am Lokomotivkessel wärmen.

Größere Bahnhöfe, die zumeist - wie Ehrang, Gerolstein, Jünkerath oder Euskirchen - mit ausgesprochen personalintensiven Bahnbetriebswerken kombiniert waren, besaßen bahneigene "Kantinen und Speiseanstalten", die sich - so beispielsweise in Jünkerath - häufig im Übernachtungsgebäude befanden.. Sie boten, zumindest nach Ansicht der Betreiber, "für geringes Geld (meist nur 20 bis 30 Pf.) ein schmackhaftes, reichliches Mittag- oder Abendessen". In der Kantine der Bahn in Ehrang beispielsweise - wo immerhin bei verschiedenen Dienststellen bis zu 1000 Mann

Mit dem Hobel geschnittenes Sauerkraut wurde im Steinguttopf gesäuert

Sauerkraut

"Wer im Sommer Kappes baut, hat im Winter Sauerkraut" - der bekannte Spruch zeugt von der Rolle, die das Sauerkraut lange Zeit im winterlichen Speiseplan vor allem der Landbevölkerung spielte. Vor der Erfindung der Konservendose und des Weck-Glases war die natürliche Säuerung eines der wichtigsten Konservierungsverfahren für Gemüse. Nicht nur in Deutschland war vor allem die Einsäuerung von Weißkohl zu Sauerkraut beliebt. Übrigens wussten schon die Griechen und Römer sauer eingelegten Kohl zu schätzen.

Bis vor wenigen Jahrzehnten machte fast jeder Eifeler Haushalt seinen "suuren Kappes" selber - die industrielle Produktion begann erst gegen Ende des 19.Jahrhunderts. Die Weißkohlköpfe wurden gesäubert und mit einem speziellen Krauthobel fein geschnitten. Anschließend füllte man das Kraut Schicht um Schicht in Steinguttöpfe. Zwischen die einzelnen Lagen wurde ausreichend Salz gestreut. Zum Schluss wurde das Kraut fest gestampft und mit einem Stein beschwert. Nach kurzer Zeit setzte die Milchsäuregärung ein. Indem sie schädlichen Keimen den Nährboden entzog, machte sie den Kohl bis zum nächsten Sommer halt- und genießbar. Sauerkraut ist allerdings nicht nur lecker und nahrhaft, sondern auch ausgesprochen gesund: So enthält es beispielsweise immerhin noch etwa halb so viel Vitamin C wie frischer Weißkohl. Solange es im Winter keine Südfrüchte und kein frisches Gemüse zu kaufen gab, war das Sauerkraut also einer der wichtigsten Vitaminlieferanten.

Zubereitung von Mahlzeiten in der Kantinenküche vom Bahnbetriebswerk Konz

beschäftigt waren - wiederholte sich in den 1950er/60er Jahren der Speiseplan in dreiwöchigem Turnus. Mittwochs war Eintopftag; auf dem Speisezettel standen dann zum Beispiel Erbsensuppe mit Rauchfleisch oder Linsensuppe mit Wurst und Brötchen. Freitags gab es, man war gut katholisch, kein Fleisch, sondern Fisch. War die Station für den Betrieb einer eigenen Kantine zu klein, waren mancherorts "die Pächter geeigneter Bahnwirtschaften vertraglich verpflichtet, für die Eisenbahnbediensteten Essen zu mäßigen Preisen vorzuhalten" - warum auch sollte das Bahnpersonal schlechter leben als die Reisenden?

Dem Genuss alkoholischer Getränke, der offensichtlich bis weit ins 20.Jahrhundert hinein trotz des häufig gefährlichen Betriebsablaufs durchaus nicht unüblich war, suchten die Bahnverwaltungen durch die Installation von Kaffeeautomaten und Brausewasserapparaten zu begegnen. Selbst der Konsum von Milch im Dienst wurde amtlicherseits gefördert! Langfristig gesehen, haben diese wohlmeinenden Bestrebungen sicherlich die schlimmsten Exzesse im Dienst verhindert, selbst wenn auch heute noch ab und an ein alkoholisierter Eisenbahner im Führerstand seines Triebwagens buchstäblich aus dem Verkehr gezogen werden muss.

M. K.

Das erste Edelstahl-Besteck

Mineralwasser

Schon die Römer wussten das gute Wasser der Eifel zu schätzen - hätten sie sonst die technisch aufwändige, fast hundert Kilometer lange Wasserleitung von Nettersheim nach Köln gebaut? Von besonderer Bedeutung sind die Mineralquellen, an denen die Region aufgrund ihrer geografischen Besonderheiten besonders reich ist: Gerade in Gegenden wie der Eifel, in denen es noch in erdgeschichtlich gesehen jüngerer Zeit zu vulkanischen Aktivitäten kam, befinden sich häufig Mineralquellen, da das in große Tiefen versickernde Regenwasser hier aus den unterschiedlichen geologischen Schichten besonders viele Mineralien und Spurenelemente aufnehmen kann. Auch für die Anreicherung mit natürlicher Kohlensäure finden sich hier gute Voraussetzungen.

"Sinziger, "Dauner", "Brohler", "Tönissteiner", "Reginaris", "Nürburgquelle", um nur einige der Marken zu nennen - eine ganze Reihe der über 600 Mineralwässer, die zur Zeit in der Bundesrepublik abgefüllt werden, stammt aus der Eifel. Schon im 19. Jahrhundert wusste man hier das Wasser zu Geld zu machen. Der bekannte "Apollinaris"-Brunnen in Bad Neuenahr-Ahrweiler wurde beispielsweise bereits 1853 gegründet. Seit der zweiten Hälfte des 19. Jahrhunderts wurden einige der Eifeler Mineralwässer nicht mehr nur für den lokalen Verbrauch abgefüllt, sondern im industriellen Maßstab produziert und überregional vermarktet. Der Bau der Eifeleisenbahnen war eine der Voraussetzungen für die Erschließung neuer Märkte. Zunächst versandte man das Wasser in Tonkrügen, später in den praktischeren Glasflaschen. Die 1888 gegründete Firma "Gerolsteiner" begann zum Beispiel bereits 1928, ihr beliebtes Wasser in die USA zu exportieren. Heute ist die Gerolsteiner-Gruppe einer der Marktführer der Branche. Anfang der 1990er Jahre übernahm sie auch die regional bedeutende Marke "Birresborner".

Übernachtungsgebäude des Bahnpersonals mit Kantine im Bahnhof Jünkerath.

Von allem das Beste

Walburga Theisen und Peter Nachtsheim, Hochzeitspaar, Münstermaifeld, 11. Mai 1930

Walburga Theisen: "Endlich! Ich wusste doch, dass ich meinen Peter auf der Polcher Kirmes so richtig um den Finger gewickelt habe. Die Eltern hätten mich zwar lieber mit dem Hannes gesehen, wegen der Weinberge, aber seit einiger Zeit hat man ja als Frau so einiges mitzureden. Werde hier in Münstermaifeld mal die Wirtschaft so richtig umkrempeln, man muss schließlich modern sein. Als erstes hab' ich mal Nudeln beim Hochzeitsessen durchgesetzt, das wird wohl einige überraschen ..."

Peter Nachtsheim: "Ich glaub', mit der Walburga hab' ich einen richtigen Fang gemacht. Durchsetzungsfähig ist sie ja - hätte nie gedacht, dass sie das mit dem weißen Brautkleid bei ihrer Mutter durchkriegt. Werde wohl auch bald mit ihr den Hof übernehmen. Ein richtig warmer Frühlingstag, Mutter wird wohl im Freien gedeckt haben. Da können alle mal sehen, wie gut unser Hof dasteht. Nicht wie bei armen Leuten! Jetzt wird mal richtig getafelt, hab' auch schon kräftigen Hunger nach der Messe. Mal sehen, ob Vetter Gerhard Wort gehalten hat und ein paar Flaschen 1921er Eitelsbacher beisteuert."

Moselländisches Festtagsessen

Rindfleischsuppe mit Markklößchen und Eiersticheinlage

Tafelspitz mit Senfsoße und Weißbrot

Schweinebraten mit Bandnudeln, Erbsen und Möhren

Vanillepudding mit Erdbeeren

1. Gang: Rindfleischsuppe mit Markklößchen und Eierstich

Rindfleischsuppe mit Markklößchen/ Tafelspitz: 1 kg Rindfleisch zum Kochen,
Suppengemüse, 1 dicke Zwiebel, Salz, Pfeffer

Markklößchen: 2 - 3 Markknochen, Semmelbrösel, 1 Ei, Salz, Pfeffer, Muskat

Eierstich: 2 Eier, Butter zum Ausstreichen der Form, Petersilie, Salz, Pfeffer

Rindfleischsuppe: Rindfleisch vor dem Kochen von allen Seiten fest andrücken und anschließend mit Kraft auf den Tisch werfen, damit sich die Muskelfasern lockern; mit Suppengemüse (Lauch, Möhren, Sellerie, Petersilie, Liebstöckel) und Zwiebeln ca. 1 1/2 Stunden in Salzwasser kochen.

Markklößchen: Das Mark aus den Knochen lösen, in der Pfanne erhitzen und schmelzen; das geschmolzene Mark mit Semmelbrösel und einem Ei binden, bis die Masse fest wird; wenig Salz, Pfeffer und Muskat zugeben, nach Geschmack Petersilie. Zu etwa walnussgroßen Klößchen formen; kalt stellen. Vor dem Anrichten ca. 5 - 7 Minuten in der Suppe ziehen lassen, nicht kochen!

Eierstich: 2 aufgeschlagene Eier mit Salz, Pfeffer, Muskat und Petersilie würzen, in einer gebutterten Form ca. 10 - 15 Minuten im Wasserbad stocken lassen. In kleine Würfel schneiden und auf die Suppenteller verteilen, anschließend die klare Rindfleischbrühe mit den Markklößchen austeilen.

2. Gang: Tafelspitz mit Senfsoße und Weißbrot

Tafelspitz: Das gekochte und warm gehaltene Rindfleisch in dünne Scheiben schneiden.

Senfsoße: 3 hartgekochte Eier (Eiweiß und Eigelb getrennt), 1 rohes Ei, Öl, Senf, Salz, Pfeffer, Schnittlauch oder Petersilie, nach Geschmack gehackte Gürkchen, Dosenmilch oder Schmand oder Crême fraiche

Senfsoße: Das rohe Ei aufschlagen, die 3 hartgekochten Eidotter hinzufügen und mit dem Schneebesen so lange rühren, bis die Masse geschmeidig ist; tröpfchenweise so viel Öl zufügen, bis die Masse steif ist; 11/2 Esslöffel Senf unterrühren. Das gehackte Eiweiß und die gehackten Gürkchen, Petersilie oder Schnittlauch sowie 1 Teelöffel Zucker und etwas Salz dazugeben. Nach Geschmack Dosenmilch, Schmand oder Crême fraiche hinzufügen.

Zu dem Tafelspitz mit Senfsoße wird Weißbrot gereicht.

3. Gang: Schweinerollbraten mit Bandnudeln, Erbsen und Möhren

Schweinerollbraten: 1 kg Schweinekotelett am Stück ohne Knochen, Zwiebeln, Salz, Pfeffer, Muskatnuss, Senf, 1 - 2 Esslöffel Mehl, 1 Glas Moselwein

Gemüse: 600 g frische Erbsen in der Schale, 300 g Möhren, Salz, nach Wunsch Petersilie, 1 - 2 Esslöffel Mehl

300 - 400 g Bandnudeln

Schweinerollbraten: Das Fleisch seitlich aufschneiden und innen mit Salz, Pfeffer, Muskat, Senf und Zwiebelringen würzen, anschließend rollen und mit einem Faden umwickeln; mit Salz, Pfeffer und Muskat würzen. Im gusseisernen Bräter scharf anbraten, nach Wunsch Zwiebelringe hinzufügen. Mit einem Glas Moselwein ablöschen, Wasser zugeben und den Braten ca. 1 - 1 1/2 Stunden im Backofen garen lassen. Das Fleisch hin und wieder wenden und mit dem Bratensaft übergießen. Vor dem Garnieren den Bratensaft mit 1 - 2 Esslöffeln Mehl, das in Wasser klumpenfrei aufgelöst ist, zu einer sämigen Soße binden.

Erbsen und Möhren: Die frischen Erbsen schälen, die Möhren putzen und in Stäbchen oder Scheiben schneiden. Erbsen und Möhren kurz in heißer Butter schwenken, dann den Topf mit Wasser auffüllen, Salz und ein wenig Zucker zugeben, nach Geschmack auch gehackte Petersilie, und ca. 20 Minuten köcheln lassen. Mit dem Gemüsewasser eine weiße Mehlschwitze anrichten, das abgegossene Gemüse darin servieren.

Bandnudeln nach Packungsvorgabe im Salzwasser kochen

4. Gang: Vanillepudding mit Erdbeeren

1 Päckchen Puddingpulver, 1/2 l Milch, nach Wunsch 1 aufgeschlagenes Ei, 250 g frische Erdbeeren

Vanillepudding nach Rezept kochen, in den heißen Pudding nach Wunsch das aufgeschlagene Ei einrühren und die in Stücke geschnittenen und gezukkerten Erdbeeren mischen. Anschließend in eine Puddingform geben und erkalten lassen.

Das Hochzeitsmahl

Hochzeit in Polch, 1920er Jahre

Die Eifel zählte nicht zu den wohlhabenderen ländlichen Regionen Deutschlands. Das Essen war - außer in Notzeiten - gerade so, dass es zum Leben reichte. Kartoffeln, Gemüse und Getreide waren die Hauptnahrungsmittel der Eifeler. Fleisch gab es in vielen Haushalten längst nicht jeden Tag.

Von dem Eifeler Essen zu sprechen, wäre sicherlich falsch. Die persönliche Ernährungssituation war unter anderem abhängig von der Region, in der man lebte. Im so genannten "Bitburger Gutland" beispielsweise waren die Mahlzeiten in der Regel reichhaltiger als im Ösling. Persönlicher Wohlstand war nicht nur abhängig vom Beruf (Bauer, Tagelöhner, Handwerker), sondern bei Bauern auch von der Art der Erbteilung, das heißt von der Frage, ob die Höfe als Ganzes vererbt oder ob sie von Generation zu Generation immer weiter zersplittert wurden, so dass sich zunehmend mehr Menschen von immer kleineren Stücken Land ernähren mussten.

Auch der individuelle Weitblick des Einzelnen und taktisch kluges Verhalten spielten eine Rolle bei der Sicherung und Vergrößerung des landwirtschaftlichen Betriebes. "Alii belli gerunt, tu felix Austria nube" - "Andere führen Kriege, Du glückliches Österreich heirate" - dieser Satz mag auch für manchen Eifeler Bauern gegolten haben. Durch eine geschickte Heirat konnte man seinen Besitz vergrößern, die Familie erhalten, Wohlstand und Ansehen im Dorf mehren.

Ausgesprochene Liebesheiraten waren in der Eifel wohl eher selten ("unser" Paar am Tisch bildet also eine Ausnahme); oft war die Nähe der Grundstücke wichtiger als die persönliche Nähe der Partner zueinander. Die Hochzeit galt in der Regel als der entscheidende Wendepunkt zwischen Jugend und Erwachsenendasein. Mit der Ehe übernahm man nicht selten Verantwortung für Haus und Hof. Als eines der wichtigsten Ereignisse im Leben wurde die Hochzeit ausgiebig gefeiert. Je nach Vermögenslage konnte das festliche Ereignis zwei oder drei Tage, bei besonders wohlhabenden Bauern sogar bis zu vier Tage dauern. Obwohl in Bezug auf Details immer wieder lokale Unterschiede festzustellen sind, gilt allgemein, dass die gesamte Feier in ihren Einzelabläufen genau festgelegt war.

Die Weinbaukrise an Mosel, Saar und Ruwer

In den 1920er Jahren befand sich der Weinbau an Mosel, Saar und Ruwer in einer tiefen Krise. Im Rückblick ist interessant festzustellen, dass sich die damaligen Probleme nur geringfügig von den heutigen unterscheiden. Während des Ersten Weltkrieges war - bedingt durch die Blockadepolitik - der deutsche Markt dem deutschen Wein vorbehalten. Dies sollte sich nach dem Krieg grundlegend ändern. Ab 1920 drängten, begünstigt durch eine liberale Zollpolitik, zunehmend ausländische Weine auf den deutschen Markt. Besonders ungünstig wirkte sich für das Rheinland die Tatsache aus, dass es durch die französische Besatzungspolitik gleichsam vom Rest des deutschen Reiches abgetrennt worden war. Dadurch konnten französische Weine und - bedingt durch ein Zollabkommen mit Spanien - auch billige spanische Weine ungehindert auf den deutschen Markt drängen. Eine Flasche spanischer Wein wurde für sechzig bis achtzig Pfennige verkauft. Hinzu kam noch, dass der spanische Wein offensichtlich eher dem damaligen Geschmack entsprach. So mussten viele Moselwinzer ihre Erzeugnisse weit unter Selbstkostenpreis verkaufen. 1924 kostete ein Fuder Moselwein im Durchschnitt noch 1.100, 1925 aber nur noch 500 Mark. Allerdings fand sich für den Moselwein selbst bei Abgabe unter dem Selbstkostenpreis bald kein Abnehmer mehr. Im April 1925 lagerten nahezu 28.000 Fuder (ein Fuder = 1.000 Liter) in den Kellern der Winzer.

Die Krise wurde durch die Strukturschwächen der Region noch verstärkt. Viele kleinere Betriebe lebten durch die Fassvermarktung gleichsam von der Hand in den Mund. Der Wein des jeweils letzten Jahrgangs musste, um Platz im Keller zu haben, vor Einbringen der neuen Ernte verkauft sein. Flaschenabfüllung und Selbstvermarktung konnten sich nur wenige, in der Regel größere Weingüter leisten. So hat beispielsweise selbst der hervorragende Jahrgang 1921 nur wenigen größeren Weingütern Gewinn gebracht, da nur sie es sich leisten konnten, ihn bis zum Ende der Inflation zu lagern.

Als Werbemaßnahme wurde dieses Fass 1930 von Bernkastel an der Mosel bis Berlin gerollt

Man sagt den Menschen an Mosel, Saar und Ruwer eine gewisse Trägheit und Duldsamkeit nach. Als jedoch die Zahl der Betriebspfändungen und Notverkäufe zu groß wurde, kam es zu Protestmärschen und einem regelrechten Winzeraufstand. 1926 wurde mit dem Ruf "Nieder mit dem Finanzamt" das Bernkasteler Finanzamt gestürmt, der Aktenbestand auf die Straße geworfen und die Inneneinrichtung zerstört. Clara Viebig hat diesen spektakulären Aufstand in ihrem Roman "Die goldenen Berge" verewigt. Allerdings gab es auch friedliche Formen des Protestes: Winzer rollten ein Fuderfass 700 Kilometer von Bernkastel nach Berlin, um auf die Not der Winzer aufmerksam zu machen.

Für den Ort Wolsfeld im Kreis Bitburg wird beispielsweise folgender Verlauf einer typischen großbäuerlichen Hochzeit berichtet:

1. Tag

Vormittags:	Trauung in der Kirche
Mittags:	Hochzeitsessen
Nachmittags:	Kaffee, Zug der Hochzeitsgesellschaft durch das Dorf
Abends:	Abendessen, Tanz im Wirtshaus oder zu Hause

2. Tag

Vormittags:	Messe für die Verstorbenen beider Familien
Mittags:	Mittagessen (etwas einfacher als am Vortag)
Nachmittags:	Kaffee

Die beiden exemplarischen Tagesabläufe machen deutlich, dass die Mahlzeiten die Höhepunkte einer bäuerlichen Hochzeit bildeten. Im folgenden beschränken wir uns auf das Hochzeitsessen. Man heiratete in der Regel im Herbst oder Frühjahr. Die Arbeit auf den Feldern war beendet oder hatte noch nicht angefangen, die klimatischen Bedingungen für das Schlachten des Viehs und die Aufbewahrung von Fleisch waren günstig. Schweine schlachtete man selbst; Rindfleisch wurde im allgemeinen beim Metzger oder im nächsten Schlachthof gekauft.

Das opulente Hochzeitsessen sollte allen Gästen zeigen, wer man war und was man hatte. Daher bemühte man sich, "von allem das Beste" aufzutischen. So nahm schon die Vorbereitung des Hochzeitsessens viel Zeit in Anspruch. Häufig begann man bereits mehrere Tage vor dem Fest mit den Arbeiten. Das Hochzeitsmahl fand in der Regel zu Hause statt; dass man - wie heute üblich - die Hochzeit in einer Gaststätte feierte, war in den 1930er Jahren in der Eifel eher die Ausnahme. Denn wo konnte man die Leistungsfähigkeit der eigenen Landwirtschaft besser demonstrieren als auf dem

Jungmänner verspeisen den "Hochzeitsfladen", Drees, Kreis Daun, 1919

Senf

"Sinapi in der speiss genossen ist gutt dem magen" hieß es bereits im Jahre 1563. Die Verwendung gemahlenen Senfsamens als Würz- oder Heilmittel ist seit altersher bekannt. Man schreibt ihm sowohl verdauungsfördernde als auch antibakterielle Eigenschaften zu. Senf ist unproblematisch anzubauen und der Samen einfach zu transportieren. So beschäftigten sich in der Eifel - zum Beispiel ab 1883 in Monschau - viele Müller mit dem Mahlen von Senfkörnern und der Senfherstellung. Ausschlaggebend für die verstärkte Nachfrage nach Senf waren sich wandelnde Ernährungsgewohnheiten. Dazu gehörte das Interesse am Fremden, Exotischen, wie es sich beispielsweise auch in dem gleichzeitig aufkommenden Begriff "Colonialwarenladen" widerspiegelt.

Im Rheinland war Düsseldorf ein Zentrum der Senfherstellung. Auch die Senfmühle der Brüder Clemens August und Heinrich Breuer in Monschau stellte "Senf nach Düsseldorfer Methode" her. Anfangs wurde die Ware noch in einem Karren transportiert, der von einem Hund, später von einem Pferd gezogen wurde. Um 1920 lieferte man den Senf bereits mit einem Lieferwagen ins gesamte Rheinland, in die Gegend von Eupen-Malmedy und nach Frankreich und Luxemburg.

Die zunehmende Konkurrenz durch billigeren, industriell hergestellten Senf, verbunden mit

Der Senf aus der Mühle in Monschau war in der Eifel weit verbreitet

einem allgemeinen Mühlensterben in der Eifel, ließ in den 1950er Jahren nahezu alle Senfmühlen eingehen. Erst in jüngster Zeit ging im Gefolge der so genannten Ökowelle der Trend wieder vom Massenprodukt zum individuell hergestellten Lebensmittel. Neben Guido Breuer in Monschau und der historischen Wassermühle in Birgel, die aus einer Säge- und einer Senfmühle besteht, stellt auch Wolfgang Steffens in Cochem-Cond in einer von 1810 stammenden Mühle wieder Senf her. Im historischen Kaltmahlverfahren werden Senfkörner zu Senf vermahlen. Die Tagesproduktion beträgt lediglich 360 Kilogramm. Daraus werden - zum Teil nach historischen Rezepten - die verschiedensten Senfsorten hergestellt und in salzglasierten Töpfen verkauft.

Hof selbst. Für die Zubereitung des Hochzeitsessens wurde häufig eine zusätzliche Köchin engagiert. Dazu kamen mehrere Küchenmädchen, die das Essen auftrugen. Köchin und Küchenmädchen waren meistens entfernte Verandte, die sich bei großen Familienfeierlichkeiten auf diese Weise gegenseitig halfen.

Wie der Ablauf des Hochzeitsfestes waren auch Zusammenstellung und Umfang des Hochzeitsessens in der Eifel relativ fest vorgegeben. Es bestand in der Regel aus drei oder vier Gängen: Begonnen wurde mit einer Rindfleischsuppe (als Einlage Tapioka- oder Markklößchen sowie Eierstich), danach folgten zwei

Tischkultur

Von einer Tischkultur im heutigen Sinne, das heißt der Kunst, einen Tisch nicht nur nach praktischen, sondern auch nach ästhetischen Gesichtspunkten einzudecken, kann für die Eifel unter historischen Gesichtspunkten kaum die Rede sein. Lange Zeit besaßen nur wenige Eifeler Teller, Gläser, Löffel, Messer oder Gabeln. Meistens hatten bestimmte Haushaltgerätschaften - wie beispielsweise Milchschüsseln - gleich mehrere Funktionen. Sie wurden auch als Essschüsseln benutzt. Als Besteck dienten häufig holzgeschnitzte Löffel und Gabeln, die man entweder selbst hergestellt oder Hausierern, die auch Holzschüsseln und Teller vertrieben, abgekauft hatte. Ansonsten bestand das Essgeschirr aus handgefertigter Töpferware, die in den verschiedenen Töpferzentren der Eifel - etwa in Speicher oder Langerwehe - hergestellt worden war.

Mit dem Aufkommen der Keramikfabriken gelangte im Laufe des 19. Jahrhunderts auch industriell gefertigtes Geschirr in den bäuerlichen Haushalt. Dabei spielten verschiedene Betriebe aus dem rheinischen Raum, aber auch Hersteller aus den angrenzenden Nachbarländern eine Rolle. Zu nennen sind beispielsweise Villeroy & Boch in Mettlach, Wallerfangen und Luxemburg, Boch Frères in Belgien, Franz Anton Mehlem und Ludwig Wessel in Bonn, Utzschneider & Cie in Sarreguemines. (Das hier vorgestellte Geschirr des Hochzeitspaares wurde übrigens von Utzschneider & Cie unter dem Seriennamen "MOZART" hergestellt).

Im allgemeinen wurde einfaches weißes Geschirr verwendet, handbemaltes konnten sich nur wohlhabende Familien leisten. Erst das Anfang des 19. Jahrhunderts entwickelte Kupferumdruckverfahren brachte ein wenig Ornament in die ansonsten von Schlichtheit geprägte Tischlandschaft der Eifel. Von Kupferstichen übernommene Motive wurden in einer Art "Abziehbildverfahren" auf den unglasierten Scherben aufgetragen und anschließend gebrannt. So konnte zum Beispiel mit Blumenmotiven und Ornamenten verziertes

Geschirr wurde auf dem Kirmesmarkt günstig verkauft, 1924

Geschirr in Massenproduktion billig hergestellt werden. Über den Hausierhandel, über Krammärkte oder über den Verkauf in dörflichen Läden gelangte es auch in die Eifel. Geschirr aus Keramik galt als preiswert und stabil; selbst wenn es im Laufe der Zeit die gebrauchstypischen Verfärbungen und Abstoßungen bekam, wurde es noch lange nicht weggeworfen.

Porzellan galt wohl für die an harte Arbeit gewöhnte Hand des Winzers und Bauers als zu empfindlich und zu "fein". Deshalb war es in der Eifel - abgesehen von dickem Industrieporzellan, wie es auch in Hotels und Gaststätten verwendet wird - eher selten anzutreffen. Ähnlich verhielt es sich mit Glas. Obwohl mit der Holsthumer Glashütte auch die Eifel im 19. Jahrhunderts wenigstens kurzfristig eine eigene Glashütte besaß, waren ihre nach französischem Vorbild hergestellten Produkte (hochwertige geschliffene Gläser) nur in den wenigsten Eifeler Haushalten zu finden. Die meisten benutzten Becher und Tassen aus Keramik oder Steinzeug als Trinkgefäße, nur wenige werden einfache geblasene Becher oder Gläser besessen haben. Erst das Aufkommen des so genannten "Pressglases" ab der zweiten Hälfte des 19. Jahrhunderts machte Glas auch für breitere Bevölkerungsschichten in der Eifel erschwinglich.

Fleischgänge, oft abwechselnd Rind- und Schweinefleisch mit verschiedenen Beilagen. Vor dem Nachtisch gab es manchmal noch einen weiteren Gang aus rohem oder gekochtem Schinken mit Beilagen wie Kartoffeln, Kartoffelpüree, Sauerkraut, saisonbedingt auch Spargel. Zum Hauptgang haben wir bei "unserem" Hochzeitsessen Nudeln gewählt. Sie sind als Beilage zum Festessen eher für die südlichen Rheinlande belegt. In Einzelfällen konnten sie je nach "Modernität" der Hausfrau seit den 1920er Jahren auch in der Eifel vorkommen. Nudeln konnte man entweder selbst herstellen - so etwa für Alf an der Mosel belegt - oder im örtlichen Kolonialwaren- oder Krämerladen kaufen. Man bevorzugte die so genannte Bandnudel, die sich ab den 1930er Jahren zunehmend auch im täglichen Essen einbürgerte. Mit dem Zukauf von Lebensmitteln für das Hochzeitsmahl (Nudeln, Rindfleisch, Puddingpulver für den Nachtisch) wollte man auch zeigen, dass man sich zusätzlich zu den auf dem eigenen Hof hergestellten Produkten "etwas leisten konnte".

Das Hochzeitsessen steht für ein typisches Festessen im Eifel- und Moselraum, da es sich nur wenig oder gar nicht von anderen Mahlzeiten bei festlichen Gelegenheiten unterschied. Typische Festessen waren Kirmesessen, Tauf- und Kommunionessen sowie das Essen an hohen kirchlichen Feiertagen. Allerdings konnten sich nur wohlhabende Bauern und Winzer ein so aufwändiges Hochzeitsessen wie hier beschrieben leisten. Je nach Finanzlage verzichtete man auf ein oder zwei Gänge, ohne dass sich an der Auswahl der Gerichte viel geändert hätte.

Ärmere Familien hielten überhaupt kein Hochzeitsmahl. Nach der morgendlichen Trauung ging man zur Tagesordnung über, die gewöhnliche Mahlzeit wurde zum "Festessen". Für Handwerker ist allerdings bereits für die 1920er und 1930er Jahre das Hochzeitsessen im Gasthaus belegt.

In der Eifel sind Kuchen-, Fladen- oder Weckhochzeiten als Alternative zu den üppigen Fleischgängen bekannt. Sie lassen sich innerhalb eines relativ eng begrenzten geografischen Raumes nachweisen. Er reicht von Bad Neuenahr über Münstereifel bis nach Gemünd in nördlicher, bis Ulmen und Kaisersesch in südlicher Richtung. Typisch für eine Kuchenhochzeit war, dass riesige Mengen verschiedenster Kuchen aufgetischt wurden, so zum Beispiel Blechkuchen ("Taat", Fladen) mit unterschiedlichen Belägen, wie Birnenkraut, Pflaumenmus, Äpfel, Zwetschen, Birnen, Grießmehl, Streusel, Zucker und Butter. Zusätzlich wurden auch Wecken, Zöpfe und Kränze angeboten.

Wichtig für alle Kuchen war, dass sie unbedingt aus "hellem" Mehl, das heißt aus Weizenmehl hergestellt sein mussten. Da sich die Eifel aufgrund ihrer klimatischen Bedingungen und ihrer Bodenbeschaffenheit kaum zum Anbau von Weizen eignete, musste Weizenmehl beim Bäcker oder in einer größeren Mühle erworben werden. Weizenmehl galt daher wie Fleisch als Luxusgut - auch so konnte man zeigen, dass für das Hochzeitsmahl "von allem das Beste" gerade gut genug war.

M. Z.-B.

Hochzeit eines Eifeler Kleinbauern, um 1930

Kein Spuntes für Schockeleschnall

Jakob Cremer, Mausefallenhändler, Ulmen, 15. Oktober 1924

"Da gegenüber sitzt er, der raffinierte Viehhändler aus der Struth. Wetten, dass er sich mit seinen Händeln wieder den Beutel vollgestopft hat? Wer weiß, wen er heute übers Ohr gehauen hat. Nun guck' mal, wie frech der Moskopp tut, wie er das schüchterne Serviermädchen anherrscht... Er hat gut eine Riesenportion Schweinebraten mit Rotkohl bestellen! Eigentlich könnt' ich mir das ja auch leisten, meine letzte Hausierreise nach Ostpreußen war doch ganz einträglich. Aber ein einfacher Eintopf macht auch satt... 'Krumperekalleffleesch' nennen die Ulmener ihn, bei uns in Neroth heißt er 'Jeriestert Zopp'. Und dazu wie immer ein Brot mit 'Andillich', denn morgen will ich mit meiner Marräikätt nach Gerolstein gehen, um ihr für die Kirmes ein neues Kleid und den Kindern Schuhe zu kaufen."

Krumperekalleffleesch
(Kartoffelkalbfleisch)

1 kg Kartoffeln, Lauch, Sellerie, Suppengrün, Weizenmehl, Speck, Salz, Pfeffer

Kartoffeln schälen, in Würfel schneiden und mit Suppengrün, Lauch und Sellerie kochen; das Wasser nicht abschütten. In einer Pfanne Weizenmehl rösten, bis es braun wird. Das geröstete Mehl kalt werden lassen. Mit kaltem Wasser anrühren und mit Salz und Pfeffer abschmecken. Speck in der Pfanne auslassen und mit der Mehlsauce über die Kartoffeln geben.

Die Bezeichnung "Fleisch" für diesen einfachen Eintopf ist irreführend, da er keinerlei Fleisch enthielt. In Ulmen nannte man ihn "Krumperekalleffleesch". Allerdings war er auch andernorts bekannt. In Heyroth im Kreis Daun zum Beispiel nannte man das Gericht "Düa Zopp" (dürre Suppe), während es in Neroth "Jeriestert Zopp" (geröstete Suppe) hieß.

Nerother Hausierer

Sortiment an Drahtwaren eines Nerother Händlers

Noch bis weit ins 20. Jahrhundert hinein lebten viele Eifeler in ständiger Not. Nicht wenige schämten sich ihrer Armut und verfielen in Lethargie. Andere dagegen sannen auf Selbsthilfe, so zum Beispiel die Bewohner des Dorfes Neroth im Kreis Daun. Sie waren weit über die Eifel hinaus für ihre Drahtprodukte bekannt. Das Gewerbe der Drahtbinderei ging auf den 1802 geborenen Nerother Theodor Kläs zurück. Er war, nachdem er seine Elementarschulstelle aufgegeben hatte, in die Fremde gezogen und hatte dort tüchtige Handwerker getroffen. Vor allem muss er öfter slowakische Drahtbinder, auch Bastelbinder genannt, kennen gelernt haben, die ihn das Drahtflechten lehrten. In die Heimat zurückgekehrt, brachte er die neuen handwerklichen Fertigkeiten seinen Verwandten, Freunden und Bekannten bei. Diese begannen, aus Draht nützliche Gebrauchsartikel herzustellen, in erster Linie Ratten- und Mausefallen, aber auch Haushaltwaren wie Schneeschläger, Kuchenplatten, Topfuntersetzer, Frucht- und Blumenkörbchen und viele andere Dinge des täglichen Bedarfs. Dabei mussten alle Familienmitglieder, Männer, Frauen und Kinder, "am Draht schaffen", wie sie es nannten. Ihr Arbeitsplatz war die Wohnstube oder die Küche. Nebenbei betrieben viele der Heimarbeiter eine kleine Landwirtschaft.

Für den Verkauf der Produkte war der Familienvater zuständig. Er reiste im Lande umher und pries seine Handelswaren an. An zwei geschulterten Drahtringen aufgereiht, wurde das Sortiment zur Schau gestellt. "Mousfallskrämer" nannte man diese Hausierer, weil Mausefallen neben Rattenfallen ihre bevorzugten Verkaufsobjekte waren. Sie schienen stets das Sprichwort zu beherzigen: "Wie du kommst gegangen, wirst du auch empfangen", denn sie achteten immer auf ein ordentliches Aussehen. Ihre Kleidung war praktisch und strapazierfähig: Gamaschenhosen, Ledergamaschen, hohe Schuhe, eine längere Stoffjacke mit vielen Taschen - der so genannte Stutzer - und eine Schirmmütze. Nicht selten sah man sie sogar mit Schlips und Kragen.

In den ersten Jahrzehnten gingen die Händler zu Fuß auf Reisen. Es ist erstaunlich, wie lang die Wege waren, die sie zurücklegten. Später, nach dem Bau der Eisenbahn Köln-Trier (ab 1871), stiegen sie in Gerolstein in den Zug, um zu ihren

Kunden zu gelangen. Die Reiseziele der Nerother Drahtwarenhändler kennt man nicht alle genau. Es wird vermutet, dass sie vor allem die Gebiete aufsuchten, in denen auch Theodor Kläs einst unterwegs gewesen war. So ist zum Beispiel von Süddeutschland, Ungarn, der Schweiz, aber auch von Norddeutschland die Rede.

Jedenfalls steht fest, dass die Krämer weit in der Welt herum kamen. Daher ist es nur zu verständlich, dass sie daheim nicht nur von ihren Familienangehörigen sehnsüchtig zurück erwartet wurden, sondern dass auch andere Dörfler sich für die Heimkehrer interessierten, brachten diese doch die neuesten Nachrichten aus der weiten Welt mit.

Die Händler, die in der Regel nebenbei Ackerbau betrieben, orientierten ihre Touren am Rhythmus der Landwirtschaft. Sie reisten beispielsweise in der Zeit von Weihnachten bis zur Frühjahrsbestellung und von der Heuernte bis zur Herbstsaat. Auf ihren weiten Reisen nahmen sie zumeist in einer Gaststätte Quartier, wo sie auch einen Teil ihrer Waren lagerten. Von dort aus besuchten sie ihre Kunden in der näheren Umgebung. Und ins Quartier ließen sie sich per Post oder Bahn auch ihren Nachschub schikken.

Auf dem Lande belieferten die Nerother Händler einzelne Haushaltungen, landwirtschaftliche Betriebe und Mühlen. In den Städten zählten vor allem Bäckereien, Lebensmittelbetriebe und Hotels zu ihrer Kundschaft. Interessanterweise gingen die hausierenden Kaufleute fast immer zu zweit auf Reisen. So konnten sie ihre Aktivitäten besser planen, ihre Erfahrungen austauschen und sich angesichts der vielfältigen Gefahren in der Fremde sicherer fühlen.

Untereinander sprachen die Händler wohl Nerother Platt. Das hätte als eine Art Geheimsprache sicherlich ausgereicht. Trotzdem verständigten sie sich, wenn Zuhörer in der Nähe waren, auf Jenisch (gleich bedeutend mit Rotwelsch). Dabei handelte es sich ursprünglich um eine Gaunersprache, die bei den auf Deutschlands Straßen Umherziehenden weit verbreitet war. Dieses Sprachgemisch aus Jiddisch, Roma und örtlicher (Nerother) Mundart klingt für unkundige Ohren befremdlich. Ein Gespräch zwischen zwei Nerother Hausierern, die sich über ein Gasthaus in einer fremden Stadt unterhalten, kann als kleine Kostprobe dienen: "Scheenz, mir mooße noch ees Kleetsche bossele un die verkinneye, dat mer e besje Spuntes erwahnen, fir un et Schaskelbaijes ze scheffe. Do hockt en dofft Delldje, wat den Herlessen Blem verkinneyet" - übersetzt: "Kumpel, wir müssen noch Mausefallen machen und verkaufen, damit wir etwas Geld bekommen, um in die Wirtschaft zu

Zwei Nerother Händler mit ihren Drahtwaren, um 1947

Frauen tragen Brote aus dem Backhaus, Strotzbüsch, Kreis Daun, 1941

Brotbacken

Die Bauern, traditionell Selbstversorger, was die Grundnahrungsmittel betrifft, haben ihr Brot stets selbst gebacken, im eigenen Backofen oder im Gemeindebackhaus. Das Brotbacken erforderte umfassende Vorarbeiten. Am Vorabend des eigentlichen Backtages wurden die vom letzten Backen aufbewahrten Sauerteigkrümel in Wasser eingesetzt und mit dem vorgewärmten Roggenmehl in der Backmulde ("Mohle") - oft einfach ein Küchentisch mit abnehmbarer Tischplatte - zu Sauerteig verarbeitet. Dieser wurde anschließend in die Brotkörbchen ("Brutrümpchen" oder "Brutkorwele") geformt. Sie waren zumeist aus Stroh geflochten. Während die Hausfrau den Brotteig machte und die Brotkörbchen füllte, heizte ein männliches Familienmitglied den Ofen an. Sobald dieser die nötige Hitze erreicht hatte, wurden die glühende Kohle und die heiße Asche mit dem "Kessel" in die Aschegrube gescharrt und der Ofen mit einem durchnässten Strohwisch ("Wösch") sauber gefegt. Nun konnten die Brote, etwa zehn bis zwölf Stück, mit dem Brotschieber ("Schoss") eingebracht werden. Nach ungefähr zwei Stunden waren sie durchgebacken. Man nahm sie heraus, bürstete sie mit Wasser ab und legte sie zum Abkühlen auf die Stellagen im Backhaus. Anschließend trug man sie auf einem langen Brett ("Brutdill") nach Haus. Als Lagerraum diente zumeist der kühle Keller, damit das Brot möglichst lange frisch blieb.

gehen. Da ist ein schönes Mädchen, das den Männern Bier verkauft." Oder, um noch ein zweites Beispiel zu zitieren: "Kneff, ech kenne dat Schaskelbaijes, do kann mer och dofft bottelemanessen, mer kreyt do en dofft Schockeleschnall, do as sujar Bossert drun. Do hocken och oft Schoufel-Machoressen, do kinnt moh noch de Kibes jekufft kreyen" - übersetzt: "Jung, die Wirtschaft kenne ich, da kann man gut essen, man bekommt eine gute Kartoffelsuppe, sogar mit Fleisch drin. Da sitzen auch oft schräge Typen, mit denen man schnell Krach bekommt." .

Bezeichnend ist, dass die Fleischbeilage in der Suppe besonders hervorgehoben wurde. Das

Jenisches

Achelbaies	Restaurant
achele/ bottelemanessen	essen, speisen
Baselompes	dicker Bauch
beschaskelt	betrunken
Blem	Bier
Bossert	Fleisch
Dalles	Hunger
Fäng	Butterbrot
Fleeres	Kaffee
funken	kochen
Gleis	Milch
Jefinkelte	Schnaps
jeschwächt	getrunken
Lehm	Brot
Schockelen	Kartoffeln
Schockeleschnall	Kartoffelsuppe
Schmitz	Butter
Schwemmes	Fisch

Nach: Heimatverein Neroth (Hg.), Nerother Hefte, Nr. 1-5.

"Schaffen am Draht" nannte sich das Herstellen von Mausefallen, Neroth, um 1935

Andillich

Beim Schweineschlachten wurden fast alle Teile des Tieres verwertet, allerdings diente nicht alles als Nahrung. So wurde zum Beispiel die Schweineblase über dem Herd getrocknet und als Tabaksbeutel verwendet. Oder die Kinder bliesen sie auf und spielten damit Fussball. Der Nabel wurde kugelförmig aus dem Bauch der Sau herausgeschnitten; mit diesem Fettkloß schmierte man die Säge.

Der Dickdarm war - mit einigem anderen Gedärm - so ziemlich das einzige, was zumeist auf den Mist geworfen wurde. Einige Eifeler richteten ihn allerdings auch zum Verzehr her: Sie reinigten ihn sorgfältig und füllten ihn mit den übrigen gesäuberten und zerkleinerten Därmen - soweit sie nicht als Wursthüllen für die Blut- und Leberwurst gebraucht wurden -, mit dem ebenfalls gereinigten und zerkleinerten Schweinemagen und mit ein wenig Schweinefleisch. Die Zutaten wurden mit Salz, Pfeffer, Muskat und Knoblauch gewürzt. Den gefüllten Dickdarm legte man acht bis zehn Tage in eine Schüssel mit klarem Wasser und bewahrte ihn kalt auf. Anschließend wurde er geräuchert.

Die Eifeler nannten diese Spezialität "Andillich" oder auch "Andillichwuhscht". Überwiegend aus Abfallprodukten hergestellt, war sie zweifellos eine Art Arme-Leute-Kost, soll aber, wie berichtet wird, durchaus schmackhaft gewesen sein.

braucht nicht zu verwundern, stand doch zu Hause noch lange nicht alle Tage Fleisch auf dem Speisezettel. Das Alltagsessen der Nerother Mausefallenhändler war wie das aller Eifeler Kleinbauern stets karg. Seit den 1950er Jahren sah man die Drahtwarenhausierer zunehmend seltener. Für sie und die Heimarbeiter war das Geschäft unrentabel geworden. Denn mit den billigen industriellen Massenartikeln konnten sie nicht mehr konkurrieren.

F.J. F.

Leergutlager der Caspary-Brauerei, um 1930

Flaschenspülmaschine der Caspary-Brauerei in Trier

Bier

Bereits zu Zeiten der Römer tranken die Rheinländer Bier. Der eigenständige Beruf des Brauers entstand allerdings erst im Mittelalter. Königshöfe, größere Klöster, auf dem Lande aber auch kleine bäuerliche Hausbrauereien stellten Bier her. Jahrhunderte lang wurde Bier, gewonnen durch alkoholische Gärung, nicht nur aus Gerste gebraut, sondern auch aus anderen Getreidearten wie Roggen, Hafer und Weizen. Und Hopfen als Würze war im Rheinland noch unbekannt. Statt dessen verwendete man bis etwa um 1500 einen aus verschiedenen Kräutern gemischten Stoff, die sogenannte Grut.

Bis zum 19. Jahrhundert waren die meisten Betriebe Hausbrauereien, die begrenzt haltbares, obergäriges Bier herstellten. In der zweiten Hälfte des Jahrhunderts veränderte sich das rheinische Braugewerbe jedoch entscheidend: Aus dem Brauhandwerk wurde eine Brauindustrie, die Bierherstellung konzentrierte sich auf relativ wenige große Brauereien. Das hatte eine deutliche Qualitätsverbesserung des Bieres zur Folge. Technische Neuerungen und die Verwissenschaftlichung des Produktionsprozesses, begünstigt durch die Herstellung von Kunsteis und die Einführung von Bierflaschen, erlaubten es nun, Fass- und Flaschenbier über weitere Entfernungen zu transportieren. Dies alles hatte, in Verbindung mit einem wachsenden Konsum von Bier, eine außergewöhnliche Steigerung der Produktion zur Folge. Um 1900 nahm das Deutsche Reich auf dem Weltmarkt sogar zeitweise die Spitzenposition ein.

Schon im frühen Mittelalter hatte Bier als selbstverständlicher Bestandteil ländlicher Nahrung gegolten. In den Städten wurde sogar den Bewohnern von Armenhäusern Bier zugeteilt. Bis gegen Ende des 18. Jahrhunderts war es das Getränk vor allem der armen Bevölkerung. Bier, getrunken oder zu Suppe verarbeitet, galt als Grundnahrungsmittel, eine warme Biersuppe als Hauptmahlzeit. Auf jeden Fall hat Bier sich über Jahrhunderte als Volksnahrungsmittel behaupten können; es ist zum volkstümlichsten alkoholischen Getränk geworden.

Auch Kochen will gelernt sein

Monika Scholtes, Hauswirtschaftsschülerin, Neuerburg, 12. März 1957

"Eigentlich schade, nur noch zwei Wochen, dann ist die Zeit in der Hauswirtschaftsschule schon wieder um. Ein halbes Jahr lang Kochen, Backen, Gartenbau, Handarbeit, Säuglingspflege und: Schriftverkehr - das muss aber eigentlich reichen. Und dazu noch all das, was man sonst noch alles können muss als Frau in einem landwirtschaftlichen Betrieb. Aber es war doch eine schöne Zeit, vor allem mit Katharina, Lisbeth und Ännchen, wir haben viel Spaß miteinander gehabt...

Im Sommer kommen wir noch mal für ein paar Tage zum Einmachen zurück: Obst, Bohnen und Gurken für die vom nächsten Schuljahr. Im letzten Jahr haben sie nicht gut aufgepasst: Fast die Hälfte der Gläser mit den Kirschen war nicht richtig zu, die mussten wir alle den Schweinen geben... Wenn wir neue Rezepte ausprobieren, geht schon mal was daneben, aber essen müssen wir's trotzdem. Gut, dass die Welfenspeise ganz einfach geht, mit Mondamin und Weinsauce. Die wird zu Hause wohl auch den Eltern schmecken."

Welfenspeise

1/2 Liter Milch, 3-4 Esslöffel Zucker, Vanille, 50 g Stärkemehl, 2 Eiweiß

Milch zum Kochen bringen, dazu Zucker nach Geschmack und Vanille geben, Stärkemehl in etwas kalter Milch auflösen und hinzufügen. Aufkochen lassen und zwei zu Schnee geschlagene Eiweiß unterheben. Das ganze in eine Schüssel füllen und kaltstellen.

Weinschaumsoße dazu:
1/4 Liter Wein, 80g Zucker, 3 Eßlöffel Zitronensaft, 2 Eigelb, 1 Ei, 1 Teelöffel Stärkemehl

Alle Zutaten zusammen im Wasserbad mit dem Schneebesen schlagen, bis die Creme dicklich ist. Nicht kochen! Dann kalt schlagen. Weincreme über die Welfenspeise geben und servieren.

Ausbildung in der Landwirtschaftsschule

Schülerinnen der Landwirtschaftsschule in Neuerburg, Anfang der 1960er Jahre

Welfenspeise, eine Eiweiß-Schaumcreme mit Weinsauce, gehörte in den 1950er Jahren sicher zu den Neuerungen auf Eifeler Tischen. Die Farben weiß und gelb erinnerten an die Hausfarben der hannoverschen Könige aus dem Welfenhaus, doch es mögen eher praktische Gründe den Ausschlag gegeben haben, sie auf den Kochplan der Hauswirtschaftsklassen der Neuerburger Landwirtschaftsschule zu setzen. Sie besteht vor allem aus Milch, Eiern und Speisestärke, verfeinert mit leicht erhältlicher Vanille und Wein. Daher ist sie auch im bäuerlichen Haushalt leicht herzustellen. Und sie schmeckt gut!

Rationell, gesund und schmackhaft sollte die Ernährungsweise sein, die in den Landwirtschaftsschulen vermittelt wurde. Nicht jedes traditionelle Gericht wird auf dem Lehrplan gestanden haben, dafür manch neues Rezept, das am Wochenende in der Familie getestet und, je nach Gefallen, in die häusliche Speisekarte aufgenommen oder für immer in der Schublade versenkt wurde. Als eine moderne Form von Hausmannskost könnte man das Ergebnis dieser Bestrebungen charakterisieren. Jedenfalls bildete der Unterricht einen nicht unwesentlichen Faktor in der großen Welle der Neuerungen, von der die ländlichen Haushalte seit etwa 1955 erfasst wurden.

Im Näh-Unterricht schneiderten und bestickten die Schülerinnen Kleider

Auf dem Land wurde hauswirtschaftlicher Unterricht für Mädchen bis zum Ende des Ersten Weltkriegs durch Wanderlehrerinnen erteilt. In den 1920er Jahren richtete man dann in Deutschland Mädchenabteilungen an den Landwirtschaftsschulen ein. Sie waren nicht so teuer wie die Pensionate und stärker an ländlichen Bedürfnissen orientiert. In Bitburg gliederte man der 1873 gegründeten Landwirtschaftsschule im Jahre 1921 eine Mädchenabteilung mit Internat an. Eine vergleichbare Einrichtung bestand an der 1924 neu errichteten Landwirtschaftschule in Neuerburg. Den damaligen Verhältnissen entsprechend orientierte sich der Unterricht an der Wirtschaftsweise eines Selbstversorgerhaushaltes, der umfangreiche Vorratshaltung betrieb, einen großen Garten nutzte und Kleidung und Wäsche noch weitgehend selbst herstellte. Nach den ersten Nachkriegsjahren wurde der Unterricht mit modernen Lehrmitteln gefördert; die Lehrpläne wurden den Erfordernissen der Zeit angepasst.

Mitte der 1950er Jahre besuchten rund 30 Mädchen im Alter von etwa 18 Jahren die Neuerburger Schule. Der Hauswirtschaftskurs dauerte von Anfang November bis Ende März. Pro Monat waren 12 DM Schulgeld zu bezahlen und 24 DM für die Unterbringung im Internat. Der Lehrplan verband Praxis und Theorie auf sinnvolle Weise. Nach dem theoretischen Unterricht am Morgen folgte von 11 bis 13 Uhr die praktische Anwendung des Gelernten: gruppenweise Nähen oder Kochen im regelmäßigen Wechsel. In vier Kücheneinheiten machten sich je drei Schülerinnen an die Zubereitung des Mittagessens. Dabei führte eine die Aufsicht, während die beiden anderen die eigentlichen Arbeiten verrichteten. Frau Hüesker, die Lehrerin, führte die Mädchen mit der ihr eige-

Kochunterricht in der Landwirtschaftsschule in Daun, Ende der 1950er Jahre

nen Strenge in die fachgerechte Kochkunst ein und sorgte dafür, dass das Essen pünktlich fertig wurde: "Um eins wird gegessen, ob gekocht ist oder nicht!" lautete ihr Spruch, wenn die jungen Köchinnen nicht schnell genug waren. Zum Unterricht gehörte auch das Servieren der Speisen. Jeweils zwei Schülerinnen hatten Tischdienst und aßen erst, wenn die anderen fertig waren.

Auf dem Lehrplan standen einfache, noch stark an bäuerlicher Selbstversorgung orientierte und nach ernährungskundlichen Erkenntnissen zusammengestellte Speisen. Rationeller Umgang mit Nahrungsmitteln wurde nach den Notjahren der Nachkriegszeit groß geschrieben. So weit wie möglich wurden Nahrungsmittel verarbeitet, die von den Schülerinnen - gegen entsprechenden Nachlass des Schulgeldes - von zu Hause mitgebracht worden waren. Dies koordinierte die Wirtschafterin Frau Mathieu, die ihnen auch beim Kochen zur Seite stand.

Die jungen Köchinnen dürften, je nach Veranlagung, recht unterschiedlich auf Neuerungen reagiert haben. Als neue Gerichte werden zum Beispiel Dampfnudeln oder Rumfordsche Suppe, eine mit Speck und gerösteten Graupen verbesserte Erbsensuppe, genannt. Auch frischer Seefisch, den die Wirtschafterin Mittwochs bei einem Fischhändler auf dem Markt kaufte, wird bis dahin weitgehend unbekannt gewesen sein.

Zu einem tiefer greifenden Wandel haben die Landwirtschaftschulen beigetragen, indem sie elektrische Küchengeräte bekannt machten. Denn sie verfügten über wichtige technische Einrichtungen, die in ländlichen Haushalten sei-

Schülerinnen der Landwirtschaftsschule in Neuerburg zeigen ihre Backkunst

nerzeit noch fast nirgends anzutreffen waren: Elektroherd, Kühlschrank, Gefriertruhe, Boiler. Seit der flächendeckenden Elektrifizierung der Eifel in den 1920er Jahren hatten private Haushalte den Strom praktisch nur zu Beleuchtungszwecken genutzt. Diese Situation änderte sich erst nach 1950. Die Schulen unterstützten stark die Einrichtung gemeinschaftlich betriebener Gefrieranlagen. Die erste dieser Anlagen in Rheinland-Pfalz wurde im Juni 1953 durch die Gemeinde Niederöfflingen, Kreis Bernkastel-Wittlich, eingerichtet. Sie boten vor allem eine einfach zu handhabende Konservierungsmethode für Fleisch, auch in größeren Mengen, die als Alternative zur aufwändigen Haltbarmachung durch Pökeln, Räuchern, Trocknen und Einkochen hoch willkommen war. Erst jetzt konnte frisches gebratenes Fleisch, das bis dahin besonderen Anlässen vorbehalten gewesen war, in die Alltagskost Eingang finden.

Auch für die Verarbeitung von Obst und vor allem Gemüse brachten Gefrieranlagen und Kühlschränke (in Bitburg und Mechernich erstmals 1950) einschneidende Veränderungen, weit mehr als die Einführung der Elektroherde. Das Aufkommen eines speziellen Kuchens symbolisiert den fast epochalen Wandel, der sich in diesen Jahren in den Küchen vollzog: Der "Kalte Hund" ist ein Kuchen, den man nicht im Herd, sondern im Kühlschrank "backt", auf der Basis von aufeinander geschichteten Butterkeksen, von Schokoladenmasse umhüllt und zum Festwerden kalt gestellt.

Mit der Anschaffung eines Elektroherdes war häufig ein Umbau der Küche verbunden. Oft bot die Hochzeit einen geeigneten Anlass. Meist wurde der Elektroherd neben den weiter als Heizung und zusätzliche Kochmöglichkeit fungierenden Holzherd gestellt. Der mitunter noch offene Schornstein wurde geschlossen und der Backofen entfernt, so dass die Küche zu einem sauberen, freundlichen und warmen Raum wurde. Technische Veränderungen in der Stromversorgung förderten darüber hinaus die Einführung der Elektroherde. Um den Stromverbrauch zu erhöhen und ihre Kraftwerke besser auszulasten, propagierten die Energieversorger den Kauf der neuen Geräte. Als in Wolsfeld, Kreis Bitburg-Prüm, 1956 das Netz von Gleichstrom auf Wechselstrom umgestellt wurde, stieg die Zahl der Elektroherde im Ort von vier auf dreißig. Der Strom veränderte in erster Linie den Kochvorgang selbst, erweiterte aber auch die praktischen Möglichkeiten. So konnten erst jetzt "anspruchsvolle" Kuchen, die eine genaue Regulierung der Temperatur erforderten - wie zum Beispiel Käsekuchen - zu Hause gebacken werden.

B. K.

Die Berliner Kraft- und Licht- (BEWAG) Aktiengesellschaft brachte 1953 ein spezielles Kochbuch für den Elektro-Herd heraus

"Hoss dau Schokelaad für mech?"

George McCormick, US Soldat, 5. US Inf. Div., mit Christine Schuster, Schulkind, Schloss Malberg, 5. März 1945

"Es ist doch a fucking long way nach Malberg in der Eifel. Heute ist schon der 5. März 1945, ok, seit dem D-day fast schon ein ganzes Jahr in old Europe. Wenigstens heute so ein typisch german Dornröschenschloss und nicht die ewigen Zeltcamps. Wenn das George und John noch sehen könnten, aber beide sind ja schon gefallen...

Welche C-Ration ist denn heute dran? - Aha, corned beef hush, nicht schlecht.

Und wo is this damn'd coleman stove? Ich will mir diesen Fraß endlich warm machen. Vielleicht kann ich mir bei den Bauern wieder ein paar Eier eintauschen, Hershey's hab ich jedenfalls noch genug."

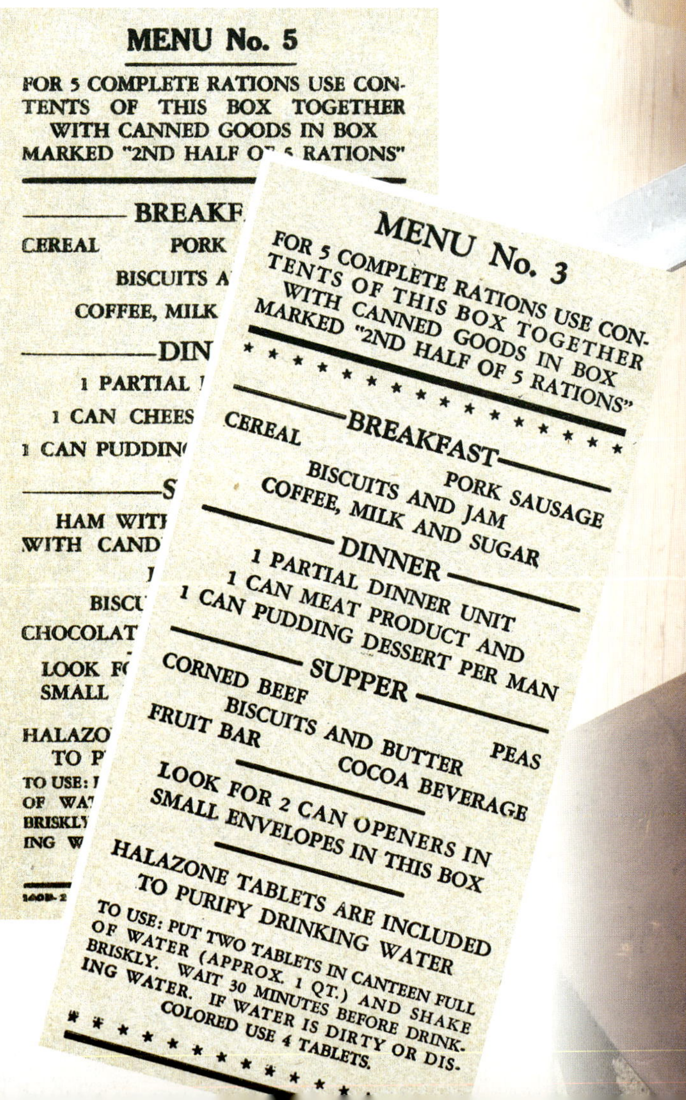
MENU No. 5

FOR 5 COMPLETE RATIONS USE CONTENTS OF THIS BOX TOGETHER WITH CANNED GOODS IN BOX MARKED "2ND HALF O[F] 5 RATIONS"

MENU No. 3

FOR 5 COMPLETE RATIONS USE CONTENTS OF THIS BOX TOGETHER WITH CANNED GOODS IN BOX MARKED "2ND HALF OF 5 RATIONS"

BREAKFAST

CEREAL PORK SAUSAGE

BISCUITS AND JAM

COFFEE, MILK AND SUGAR

DINNER

1 PARTIAL DINNER UNIT

1 CAN MEAT PRODUCT AND

1 CAN PUDDING DESSERT PER MAN

SUPPER

CORNED BEEF PEAS

BISCUITS AND BUTTER

FRUIT BAR COCOA BEVERAGE

LOOK FOR 2 CAN OPENERS IN SMALL ENVELOPES IN THIS BOX

HALAZONE TABLETS ARE INCLUDED TO PURIFY DRINKING WATER

TO USE: PUT TWO TABLETS IN CANTEEN FULL OF WATER (APPROX. 1 QT.) AND SHAKE BRISKLY. WAIT 30 MINUTES BEFORE DRINKING WATER. IF WATER IS DIRTY OR DISCOLORED USE 4 TABLETS.

MENU #
SECOND HALF
5 RATIONS
FOR 5 COMPLETE RATIONS
USE THIS BOX AND ONE MARKER
"FIRST HALF OF 5 RATIONS
DIRECTIONS
This cereal has been precooked
No further cooking is required.
Add as much water, hot or cold,
as desired.
This package will serve five persons.
10 Ounces Net
Made By
Pillsbury Mills,

Amerikanische Armeeverpflegung

Tagesration an konservierten Lebensmitteln für einen US-Soldaten

Um weniges ist eine Armee so besorgt wie um die Verpflegung ihrer Soldaten. Wenn irgend möglich, gibt es frisch zubereitetes Essen aus stationären oder mobilen Feldküchen. Das gilt auch für die amerikanische Armee. In einem durch schnelle Truppenbewegungen gekennzeichneten Krieg, wie zum Beispiel in der Endphase des Zweiten Weltkrieges, war es jedoch immer schwierig, das Essen - und zwar möglichst warm - an die vorderste Front zu bringen.

Um dieses Problem wenigstens ansatzweise zu lösen, verfügte die US-Army über eine ganze Reihe konservierter Lebensmittel. Sie waren ab 1941 in langwierigen Versuchen entwickelt und getestet worden und somit, was Nährwert, Vitamin- und Abwechslungsreichtum anging, einigermaßen auf die Bedürfnisse des einzelnen Soldaten abgestimmt. Bei den konservierten Lebensmitteln unterschied man zwischen "C"-, "K-" und "D-rations". Die "C-rations" bestanden überwiegend aus in Dosen konservierten Lebensmitteln - dabei steht das "C" offensichtlich für "canned food". Sie wurden kombiniert mit anderen getrockneten Lebensmitteln (Instantkaffee und -säfte etc.), so dass alle Bestandteile immer ein komplettes "menue", also eine Tagesration ergaben. Verpackt waren die "C-rations" in zwei verschiedenen Kartons ("first half" und "second half"), die so dimensioniert waren, dass sie zusätzlich zur gesamten Ausrüstung des Soldaten bequem mit in die vorderste Linie getragen werden konnten. 2 x 2 Kartons reichten übrigens für eine "squad" (zehn Mann), sie waren unterteilt in Frühstück = "breakfast", Mittagessen = "dinner" und Abendessen = "supper".

Diese so genannten "10 in one menues" gab es in mehreren Zusammenstellungen, so dass ein gewisser Abwechslungsreichtum gegeben war. Die "Menüpläne" waren übrigens als eine Art Inhaltsverzeichnis jeder einzelnen Packung beigegeben.

Unverzichtbares Werkzeug für die "C-rations" war der "GIP-38 can opener", ein kleiner ausklappbarer Büchsenöffner, der oft an der Kette der Erkennungsmarke getragen wurde, um immer griffbereit zu sein. Von dort wanderte er übrigens nicht selten in die Schublade manch eines Eifeler Küchenschrankes, wo man ihn heute noch manchmal findet.

Die Verpackung der "first half", die aus leichteren Lebensmitteln bestand, war aus Wellpappe, während die der "second half", die Dosen enthielt, aus stabiler gewachster Hartpappe hergestellt war. Erstere ist meist verloren gegangen oder wurde zum Feuermachen verwendet, während die zweite aufgrund ihrer Stabilität später zur Aufbewahrung aller möglicher Kleinigkeiten zweitverwendet wurde und sich so oft bis heute erhalten hat.

Man konnte die "C-ration" entweder kalt essen oder auf einem benzinbefeuerten Gaskocher (dem so genannten "coleman stove") erhitzen. Zusätzlich gab es später noch kleinere Blechdosen mit einem brennbaren Benzin-Fett-Gemisch, die man unter die "C-ration" stellen und anzünden konnte. Die englische Armee war in dieser Beziehung noch praktischer, denn sie besaß Suppendosen mit integrierter Heizvorrichtung, die durch eine chemische Reaktion ausgelöst wurde. Normalerweise - aber was ist in einem Krieg schon "normal" - sollte sich eine "squad" einen Kocher teilen. Pfiffige GI's wussten sich jedoch einen "coleman" als persönliche Ausrüstung zu organisieren.

Auch die wesentlich kleineren "K-rations" bestanden aus den drei Komponenten "breakfast", "dinner" und "supper". Jede Mahlzeit war in einem eigenen Karton verpackt und durch unterschiedliche Farben gekennzeichnet. Ein Satz von drei Packungen stellte eine Tagesration dar. Die Packungen waren so klein, dass sie bequem in der Hosen- oder Jackentasche verstaut werden konnten. Die "K-rations" sollten grundsätzlich kalt gegessen werden. In der farbigen Umverpackung steckte allerdings ein gewachster Karton, um die Ration wasserdicht zu machen. Bei Bedarf konnte man beide Kartons als Brennmaterial zumindest zum Aufbrühen des Instant-Kaffees verwenden. Diese "K-ration"-Packungen stellen heute - von den Inhalten ganz zu schweigen - von Militariasammlern begehrte und teure Objekte dar. Die in der Ausstellung gezeigten und im Katalog abgebildeten Packungen sind Reproduktionen aus England, die speziell zum "reenactment", also zum "Kriegsspiel" in historischen Uniformen, hergestellt wurden.

Die "D-ration" ist der berühmte, mit Vitaminen angereicherte Schokoladenriegel von Hershey, aber auch von anderen amerikanischen Schokoladenherstellern. Historische Fotos belegen, dass auch eine zivile Version verteilt wurde. Das Design der Verpackung hat sich bis heute kaum verändert. Vergleichbar ist die "D-ration" in etwa mit der Schoko-Cola-Ration der ehemaligen deutschen Wehrmacht. Diese runde, in einer Blechdose verpackte Schokoladentafel wird übrigens auch heute noch hergestellt.

Nach dem kurzen Überblick über die amerikanische Armeeverpflegung scheint die Frage

Kinder begrüßen amerikanische Soldaten beim Einmarsch in Luxemburg

Elvira Mertens, Banklehrling, Euskirchen, 12. August 1958

"Das wäre geschafft! Endlich hab' ich sie, meine Vespa! Lang genug musste ich ja sparen, sparen, sparen. Natürlich haben die Eltern es nur erlaubt, weil ich anders nicht zu meiner Arbeit in der Bank in Euskirchen kommen kann. Aber es eröffnen sich jetzt noch andere Möglichkeiten. Zur Feier des Tages sitze ich erst mal in der neuen Eisdiele in Euskirchen. Chic, die hohe Theke mit viel Chrom und dann die runden Tischchen und die Stühle mit eisfarbenen Plastikbezügen. Einfach Spitze! Was es hier alles gibt, Eisbecher mit Früchten und Schlagsahne, Cappuccino und Espresso! Das ist mal was anderes als Grießmehlstaat und Kaffee mit Milch. Und ausnahmsweise leiste ich mir einen Erdbeer-Milchshake, mit Strohhalm bitte. Mh, mit einer Kugel Vanilleeis drin! Da kann ich morgen nur von träumen, wenn ich vor der Arbeit beim Kühemelken helfen muss."

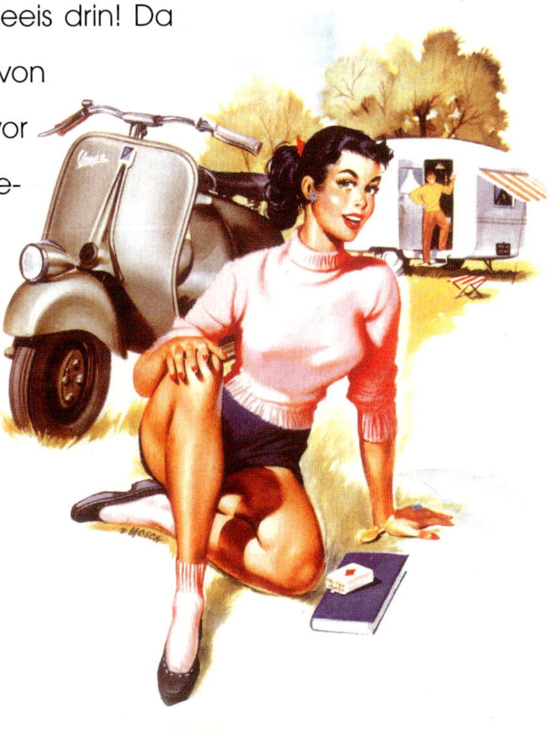

Mädchen mit Vespa aus dem Piaggio-Kalender

Anton Schoden, Landwirt, und Tochter Maria, Emmels, 21. September 1933

"Trinkt Ihr auch en Tass' Kaffee? Dann setzt Euch. Maria hat uns gerade den Kaffee für unser 'Vier Uhr' gebracht. Es gibt Brot, Butter, Zwetscheschmeer, Sirup und weißen Käse. Und für hinterher Deckelstart. Der Kaffee ist noch warm. Dafür könnt Ihr uns gleich helfen Kartoffeln aufraffen. Zehn Reihen müssen wir heute noch schaffen."

Deckelstart
(zugedeckter Hefefladen)

500 g Mehl, 30 g Hefe, 1/4 l Milch, etwas Salz, 100 g Margarine oder Öl, 1 Ei, 75 g Zucker.

Teig zubereiten, abdecken, gehen lassen. 6-8 Äpfel schälen, in Spalten schneiden und den Kuchen damit belegen, mit Zucker und Zimt bestreuen. Vom Hefeteig einen dünnen Deckel ausrollen und über die Äpfel legen, mit Ei und Milch bestreichen und bei 200-250 Grad 15-20 Minuten backen.

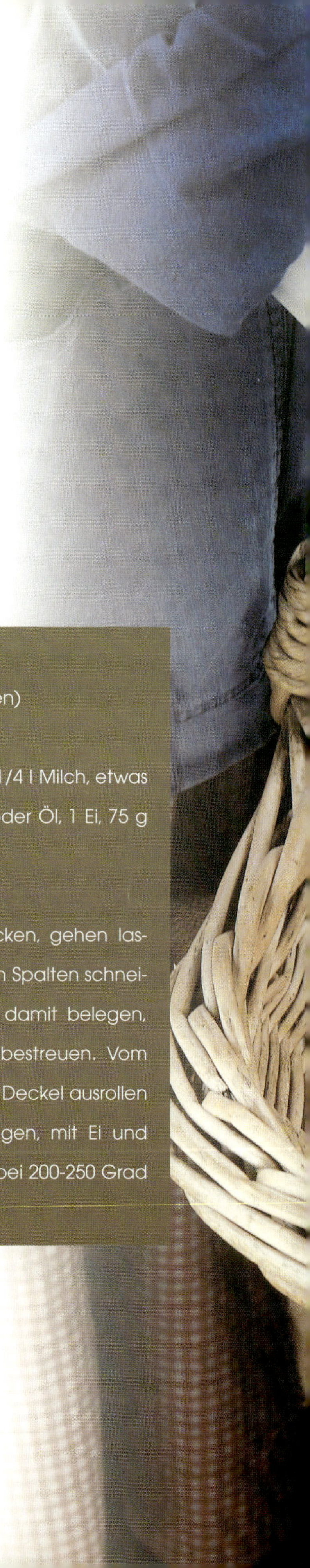

Essen in der Landwirtschaft

Zugedeckter Hefefladen, gefüllt mit Äpfeln und Zucker mit Zimt

Auf dem Feld zu arbeiten, bedeutete häufig, dass man lange außer Haus war. Wenn die Äcker weit abseits lagen, bei Arbeiten im Wald oder in der Zeit der Ernte hieß dies, dass man die Mahlzeiten auf dem Feld einnahm: oft nur ein Butterbrot, manchmal aber auch Aufgewärmtes, Suppe, Waffeln oder Kuchen. Erst im Zuge der Motorisierung, also nach dem Zweiten Weltkrieg, "schrumpften" die Entfernungen zwischen Haus und Flur. Damit entfiel die Notwendigkeit, sich außer Haus zu verpflegen.

Wenn die Männer auf weit abgelegenen Feldern pflügten, nahmen sie nur ein Butterbrot oder eine trockene Speise mit. Sie blieben über die Mittagszeit draußen und unterbrachen ihre Arbeit nur für kurze Pausen. Waren andere Pflüger auf den Nachbarfeldern beschäftigt, kam man für eine halbe Stunde zusammen, um sich und den Tieren etwas Erholung zu gewähren. Die Männer rauchten eine Pfeife und gönnten sich eine Prise Schnupftabak. Dann aß man das Vesperbrot. Auch die Pferde erhielten ihren Teil, ein großes Stück trockenes Brot, das in einem Leinensäckchen am Zuggeschirr hing. Die Männer arbeiteten bis zum Nachmittag. Zu Haus erwartete sie bei der Rückkehr das Mittagessen, das man ihnen im Backofen des Küchenherdes ("Schäfchen") warmgehalten hatte. Wer sein Brot vom Feld zurück nach Hause brachte, konnte damit den Kindern eine Freude machen: Als "Hoosenschmeer" (Hasenbrot) war das angetrocknete Butterbrot bei ihnen sehr begehrt (um 1900, Wolsfeld, Kreis Bitburg-Prüm).

Reichhaltiger waren die Mahlzeiten zur Erntezeit, wenn viele Helfer zu verköstigen waren. Bei der Getreideernte, besonders wenn mit der Dreschmaschine schon auf dem Feld gedroschen wurde, brachte man sich zum Nachmittagskaffee die Mahlzeit mit und setzte die Speisen auf ein ausgebreitetes Tuch am Boden: Brot, Butter, Apfelkompott und weißen Käse (Quark). Jeder schmierte sich seine Brote selbst. Die Butter wurde in einem Töpfchen mit kaltem Wasser aufbewahrt, damit sie fest blieb. Der Kaffee, Muckefuck, dem bereits Milch zugefügt war, wurde vom Hof gebracht. Zu Trinken gab es daneben Wasser und selbstverständlich Viez. "Viez war immer und überall dabei", erinnert sich Frau Kirscht aus Meckel, Kreis Bitburg-Prüm (1940er Jahre).

Zur Kartoffelernte, das heißt mit der Obstreife, ersetzten Zwetschgen- und Apfeltorte häufig die Brote. Zum Mitnehmen eignete sich besonders der unter anderem als "Deckelstoart" bezeichnete Apfelkuchen, der mit einem Teigdeckel belegt war. Zur Kartoffelernte wurde auch das Mittagessen aufs Feld gebracht. Es konnte zum Beispiel aus einer steifen Suppe, Kartoffeln, Sauerkraut und geräuchertem Seitenfleisch bestehen. Häufig gab es auch Suppe oder Eintopf mit Waffeln (Wolsfeld um 1900). Willkommene Abwechslung für die Kinder, die häufig bei der Kartoffelernte halfen, waren die schwarz gebratenen Kartoffeln aus dem Feuer. Da das welke Laub der Erdfrucht gleich bei der Ernte verbrannt wurde, bot sich für deren Zubereitung reichlich Gelegenheit.

Ganz anders gestaltete sich das Mittagessen der Waldarbeiter der Revierförsterei Prüm. Da nur im Winter Holz geschlagen wurde und bis zu den Arbeitsstellen im Wald weite Wege zurückgelegt werden mussten, waren die "Böschmänner", wie man sie nannte, oft von Dunkelheit zu Dunkelheit unterwegs. Gearbeitet wurde zumeist in Zweimann-Kolonnen, jeweils in abgesteckten Losen eines Distriktes. Zur Mittagszeit versammelten sich die Männer an einem gemeinsamen Feuer, um das mitgebrachte Essen in einer langstieligen Pfanne oder an einem langen Stock im Henkelmann zu wärmen (Raum Prüm, 1920/30er Jahre).

Die zahlreichen Hände, die zu manchen Zeiten in der Landwirtschaft benötigt wurden, kamen nicht alle aus dem eigenen Haushalt. Doch es war selbstverständlich, dass alle für den Hof tätigen Arbeitskräfte mit Essen versorgt wurden. Im Haus arbeitende Handwerker und die Männer, die im Winter zum Dreschen kamen, erhielten

Zu dieser Vesper in Meckel um 1921 gab es Brot, weißen Käse und Milch

sogar schon vor Beginn der Arbeit ein Frühstück im Haus des Auftraggebers. Für die Zeit vor 1800 lässt sich Ähnliches feststellen, und zwar bei der Organisation der Frondienste, welche die Untertanen für ihre Grundherren zu leisten hatten. Die Rationen waren oft erstaunlich differenziert. So erhielten die Heuarbeiter der Herrschaft Schönecken (im 17. Jahrhundert) morgens nach ein bis zweistündiger Arbeit ein Pfund Brot und ein Stück Käse, zum Mittag und zum Abend Brei, Suppe und Milch, dazu ein Stück Speck oder Fleisch (an Fasttagen statt dessen Kuchen), Brot genug und einen "ziemlichen Pot" Bier.

Frauen aus Steffeln, Kreis Daun, bringen das Mittagessen im "Henkelmann", um 1950

Viez

"Ersatzwein", lat. "vice vinum", nannten die Mönche im Mittelalters den Wein, den man mangels Trauben aus Äpfeln kelterte. Von der wenig schmeichelhaften Bezeichnung leitet sich der heute gebräuchliche Name Viez ab, der, zumindest im Raum Trier, erst im 19. Jahrhundert heimisch wurde. Die Herstellung von Viez war nicht nur billiger, sondern auch einfacher als die von echtem Wein oder anderen alkoholischen Getränken wie Bier oder Branntwein. So bildete er lange Zeit das Volksgetränk der Eifel. Für die Südeifel wird für das frühe 20. Jahrhundert ein Jahresverbrauch von bis zu 800 l pro Familie gerechnet. In einer Trierer Verordnung von 1787 wurden jedem Bürger etwa 320 Liter Apfel- oder Birnenwein im Jahr steuerfrei zugestanden. Im Jahr 1817 überstieg der Konsum von Apfel- und Birnenwein dort den Verbrauch von echtem Wein um mehr als das Dreifache. Im 16. und 17. Jahrhundert bildete noch der "Bierentrank", also Birnenwein, das Hauptgetränk, da in den Mittelgebirgslagen erst später Äpfel in nennenswertem Umfang angebaut wurden.

Vor rund 200 Jahren förderte der Präfekt des Départements Rhein-Mosel mit Sitz in Koblenz, Baron Adrien de Lanzay-Maresina, den Obstbau. Er veröffentlichte ein Handbuch für Landleute, in dem auch die Anlage von Baumschulen und die Bereitung des "Cidres", des Apfelweines, dargestellt wird.

Eine Aufstellung von Schloss Bourscheid in Luxemburg aus der Zeit um 1600 legt unter anderem fest: "Zur Zeit der Ährenlese, wenn die Froner schneiden helfen und sie in der Morgenfrühe ankommen, gibt man ihnen die Suppe am Morgen, was jedoch selten geschieht, und am Mittag viererlei: Suppe, Erbsen, Dickmilch, Fleisch oder Fisch; gibt man ihnen Fleisch, so kocht man Kohl ("Kappess") dazu und gibt keine Erbsen. (...) Wenn die von Holsthum (Kreis Bitburg-Prüm) Wein hierher fahren, schuldet man ihnen, sobald der Wein wohl geliefert im Keller liegt, eine gute Mahlzeit mit zweierlei Fisch und so viel Wein, dass sie betrunken werden; am Morgen (danach) gibt man die Suppe, einen Brei und Pfannkuchen oder Käse, und einen Trank Bier oder Birnentrank, nicht mehr, und jedem Wagen drei Sester Hafer."

B. K.

PINTSCH
PINTSCH

Literatur in Auswahl

Adams, Yvonne: Winzerproteste an der Mosel 1926, in: Jahrbuch 2001 für den Kreis Cochem-Zell, S. 51 - 55.

Andritzky, Michael (Hg.): OIKOS. Von der Feuerstelle zur Mikrowelle. Haushalt und Wohnen im Wandel. Katalog zur gleichnamigen Ausstellung, Gießen 1992.

Arbeitskreis Eifeler Museen (Hg.): Dünnbeinig mit krummem Horn. Die Geschichte der Eifeler Kuh oder der lange Weg zum Butterberg, Meckenheim 1986.

Arbeitskreis Eifeler Museen (Hg.): Notjahre der Eifel 1944 - 49. Katalog zur gleichnamigen Ausstellung, Meckenheim 1983.

Breuel, Margitta / Zimmer, Irmgard: "...damit sie endlich einmal bei ihrer schweren Arbeit entlastet wird." Die Nutzung des Stroms im Haushalt, in: Arbeitskreis Eifeler Museen (Hg.): Der Strom kommt! Die Elektrifizierung im Eifel- und Moselraum, Meckenheim 1996, S. 409 - 432.

Büchel, Jakob: Die Waldarbeiter früher, in: Der Prümer Landbote, H. 18, 1987, S. 28 - 33.

De Koning, Frank: Here's your chow, in: Armes Militaria Magazine, H. 185, 2000, S. 45 - 49.

Doering-Manteuffel, Sabine: Die Eifel. Geschichte einer Landschaft, Frankfurt 1995.

Faas, Franz Josef: Prüm und das Prümer Land 12700 - 1945, Prüm 1986.

Ferber, Franz Josef: Als wir noch Schweine schlachteten, in: Heimatjahrbuch 1996 Kreis Daun Vulkaneifel, S. 177 - 182.

Fischer, Gert / Gansohr, Heidi / Heizmann, Berthold / Herborn, Wolfgang / Schultze-Berndt, Hans-Günther: Bierbrauen im Rheinland (=Führer und Schriften des Rheinischen Freilichtmuseums und Landesmuseums in Kommern, Nr. 28), Köln 1985.

Frauenarbeitskreis Mehren (Hg.): Aus Großmutters Küche. Alte Eifeler Rezepte, o.O. (Mehren) 1982.

Ginzler, Hildegard: Die ‚Musfallskrämer' aus der Eifel. Entwicklung des Drahtwarengewerbes in Neroth als Beispiel für Selbsthilfe in einer Mittelgebirgsregion (=Studien zur Volkskultur in Rheinland-Pfalz, Bd. 1), Mainz 1986.

Gommes, Karl: Die Ernährungsweise der Eifelbewohner im 19. Jahrhundert und früher, in: Zwischen Venn und Schneifel, H. 2, 1992, S. 19 - 22.

Heizmann, Berthold: Die rheinische Mahlzeit. Zum Wandel der Nahrungskultur im Spiegel lokaler Berichte, Köln 1994.

Heizmann, Berthold: Von grünem Fleisch, Fladen und Grießmehlbrei. Das Hochzeitsessen im Rheinland, in: Volkskultur an Rhein und Maas, Jg. 9, H. 1, 1990, S. 49 - 58.

Hellmeier, Karl-Heinz: Tondorfer Kochbuch, Nettersheim-Tondorf 1991.

Herrig, Gertrud: Ländliche Nahrung im Strukturwandel des 20. Jahrhunderts. Untersuchungen im Westeifeler Reliktgebiet am Beispiel der Gemeinde Wolsfeld, Meisenheim 1974.

Hirsch, Klara: Kartoffelernte ohne Maschinen, in: Der Prümer Landbote, H. 31, 1991, S. 24 - 25.

Horbelt, Rainer / Spindler, Sonja: Tante Linas Kriegskochbuch, Frankfurt /M. 1982.

Joerissen, Peter / Wagner, Rita (Hgg.): Süßes Rheinland. Zur Kulturgeschichte des Zuckers, Bonn 1998.

Kamp, Heinrich: Alte bäuerliche Festessen in der Eifel, in: Eifelkalender 1938, S. 84 - 88.

Kyll, Nikolaus: Zur Geschichte der Kirmes und ihres Brauchtums im Trierer Lande und in Luxemburg, in: Rheinisches Jahrbuch für Volkskunde, Bd. 20, 1969, S. 93 - 132.

Lange, Sophie: Alt-Eifeler Küche. Spezialitäten, Traditionen, Frauenwirken, Bd. 1: Kochen, Aachen 2002.

Lange, Sophie: Eifeler Küche. Mit Kindern kochen, backen und erzählen, Aachen 1999.

Lejeune, Carlo: Leben und Feiern auf dem Lande. Die Bräuche der belgischen Eifel, 3 Bde., St. Vith 1992 - 1994.

Meynen, Emil: Das Bitburger Land, Bad Godesberg 19672.

Meyer, Felix: Weinbau und Weinhandel an Mosel, Saar und Ruwer, Koblenz 1926.

Milz, Friedrich: Von Wein, Bier, Viez und Branntwein in der Eifel, in: Die Eifel, Zeitschrift des Eifelvereins, Jg. 86, 1991, S. 203 - 204.

Müller, Werner: Im Rhythmus der Jahreszeiten, in: Der Prümer Landbote, H. 35, 1992, S. 36 - 39.

Neu, Peter: Der Landkreis Bitburg-Prüm, Bitburg 1998.

Ody, Hedwig: Koch-, Back-, Einmachbuch, Gotha 19272.

Paczensky, Gert von / Dünnebier, Anna: Kulturgeschichte des Essens und Trinkens, München 1994.

Pinn, Maria-Agnes: Erinnerungen an 1945. Mein erstes Stück Schokolade, in: Heimatjahrbuch 1995 Kreis Daun Vulkaneifel, S. 132.

Prothmann, Ottmar: Landleben in der Voreifel. Oeverich um 1910, Köln 1982.

Reuter, Walter: Teuerung und Hungersnot im 19. Jahrhundert, in: Zwischen Venn und Schneifel, H. 6, 1967, S. 63 - 72.

Roos, Martha: Kindheitserinnerungen, in: Heimatjahrbuch 1998 Kreis Daun Vulkaneifel, S. 103 - 105.

Rummel, Justine: Abteilung Hauswirtschaft. Ihre Aufgabe in Unterricht und Beratung, in: Festschrift Landwirtschaftsschule Bitburg 1873 - 1973, Bitburg 1973, S. 40ff.

Schaaf, Erwin: Not und Protest der Moselwinzer in den Jahren der Weimarer Republik, in: Jahrbuch 1983 für den Kreis Bernkastel-Wittlich, S. 36 - 44.

Schommer, Martina: Alltagsspeisen in Eifel, Hunsrück und Pfalz im Vergleich, in: Beiträge zur Geschichte des Bitburger Landes, Jg. 9, 1998, S. 109 - 122.

Schröder, Joachim: Der Eifeler Bauerngarten, in: Heimatkalender 1998 Landkreis Bitburg-Prüm, S. 191 - 192.

Steffens, Willi; Fischfang in der Eifel, einst und jetzt, in: Jahrbuch des Kreises Daun 1974, S. 55 - 56.

Stein, Trude / Stein, Veronika: Das Kochbuch aus der Eifel, Münster 1981.

Stircken, Angela: Eisdiele. "Komm mit nach Italien...!", Bonn 1998.

Thielen, Alois: Wie in alten Zeiten gebacken wurde, in: Heimatjahrbuch 1984 Kreis Daun Vulkaneifel, S. 203 - 206.

Wagner, Christoph: Fast schon Food. Die Geschichte des schnellen Essens, Frankfurt/M. 1995.

Weber, Peter: Der Buchweizen, ein Rückblick auf Anbau und Verwendung, in: Üllewer Weckepeller, Jg. 8, Nr. 3, 1998, S. 5 - 9.

Wildt, Michael: Vom kleinen Wohlstand. Eine Konsumgeschichte der fünfziger Jahre, Frankfurt/M. 1996.

Wrede, Adam: Eifeler Volkskunde, Bonn 19603.

Zilligen, Peter: Bedeutsame Tage im bäuerlichen Jahresrhythmus, in: Heimatjahrbuch 1991 Kreis Daun Vulkaneifel, S. 123 - 124.

Abbildungsnachweis

Hans-Peter Breuer, Bornheim: 41
Susanne Daniel, Strotzbüsch: 146
Archiv Franz Josef Ferber, Daun: 139
Jürgen Fesenmeyer, Hellenthal-Zingscheid: 88-89
Archiv Freilichtmuseum Roscheider Hof, Konz: 120-121, 126 o, 128-129, 148-149, 149 o
Sammlung Volkmar Fues, Kall: 28-29
Matthias Krein, Hünerbach: 60-61
Kreisbildstelle Bitburg-Prüm, Bitburg: 166-167
Kreismuseum Bitburg-Prüm, Bitburg (Sammlung Albert Theisen, Meckel): 117, 174-175
Firmenarchiv Haribo, Bonn: 96-97, 100, 101, 102-103
Hildegard Heber, Bitburg: 76-77
Heimatverein Neroth: 145, 147
Baddo Heinrichs, Kirchwald: 93
Joh. Jak. Hostert, Rech: 78-79, 83
Gertrud Jungels, Üdersdorf: 94
Peter Klimpel, Dahlem: 112-113
Eva Klötsch, Katzwinkel: 155
Fotoarchiv Könemann-Verlagsgesellschaft, Köln: 119
Sammlung Toni Kreutz, Ulmen: 36-37
Günter Krings, Dedenborn: 12-13
Landschaftsverband Rheinland, Rheinisches Industriemuseum Oberhausen: 59
Hermann Maas, Neichen: 110
Bärbel Müller, Neuerburg: 150-151, 154 o, 156
Siegfried Müller, Ahütte: 52-53
Archiv Museum Prüm (Sammlung Nora Pfefferkorn): 43, 138
Mathilde Peetz, Blankenheim-Waldorf: 25 l
Änni Quetsch, Lehnerath: 33
Heinz Regnery, Jünkerath: 42, 127 u
Susanne Röhl, Bleckhausen: 108 o
Maria Schäfer, Bereborn: 109 u
Arnold Schneider, Rengen: 40
Sammlung Hans Jürgen Schuster, Malberg: 158-159, 163
Mario Simmer, Meckel: 179,
Stadtarchiv Euskirchen: 171
Stadtarchiv Mechernich: 34 u
Archiv Stadtmuseum Bad Neuenahr-Ahrweiler: 86-87
Stadt- und Kreisarchiv Düren: 58
Irma Staus, Salm: 57
Hans Josef Steffens, Manderscheid: 92
Martha Steffens, Winkel : 27
Matthias Thull, Oberstadtfeld: 172 o
Bildarchiv Uniteis e.V., Selgerstadt: 173 o
Josef Weber, Drees: 136
Firmenarchiv J. Weck GmbH u. Co. KG, Wehr-Öflingen: 65, 66, 69
Hermann Weisweiler, Aachen: 20-21
Sammlung Markus Zimmer-Berberich, Pommern: 17, 32, 34 o, 35, 67, 68, 70-71, 75, 134, 135, 157, 160, 168
aus: Bitburger Kreis- und Intelligenzblatt, 2. März 1883 (Archiv des Kreismuseums Bitburg-Prüm, Bitburg): 74 o
aus: Courts, Gerd / Mathar, Franz: Monschau, so wie es war, Düsseldorf 1976, S. 59: 140-141
aus: Eschweiler, Otto: Dorfleben in alten Bildern, o.O.u.J. (1981), Nr. 48: 104-105
aus: Essen und Trinken, Heft 10, 1979, S. 53: 118
aus: Heimatkalender des Kreises Euskirchen 1956, Werbeteil: 173 u
aus: Klapp, E.: Lehrbuch des Acker- und Pflanzenbaues, Berlin / Hamburg 19676, Abb. 240: 74 u
aus: Kreisverwaltung Daun (Hg.): Kreis Daun. Bilder aus vergangenen Tagen, Meinerzhagen 1985, S. 251: 180
aus: Strauch, R.: Grundriß der landwirtschaftlichen Geräte- und Maschinenkunde, Leipzig / Breslau 1905, Fig. 81: 108 u; Fig. 94: 109 o; Fig. 101: 111
aus: Revue Nr. 17/1962, S. 30 : 25 r

alle übrigen Fotos : Thomas Naethe, Utzerath

Historische Hintergrundfotos

Seite 12: Heimkehr von Evakuierten nach Hammer, Kreis Aachen
Seite 20: Kaffeekränzchen aus den 1960er Jahren nahe der Abteikirche Himmerod, Kreis Bernkastel-Wittlich
Seite 28: Lange Warteschlange vor der neueröffneten Lebensmittel-Verkaufsstelle der Bürgermeisterei Kall, Kreis Euskirchen, März 1916
Seite 36: Viehmarkt in Ulmen, um 1951
Seite 44: Außenansicht Mc-Drive in Mendig, Kreis Mayen-Koblenz, 2002
Seite 52: Arbeiter bei der Essenspause im Kalkwerk Ahütte, Kreis Daun
Seite 60: Obst aus dem Weckglas rundet das Abendessen ab, Hünerbach, Kreis Daun, 1930
Seite 70: Schnitt durch einen Postdampfer der Hapag Lloyd
Seite 78: Winzerfamilie aus Rech beim Bohnenschnippeln
Seite 88: Kaffeetrinken in einem Eifeler Pfarrhaushalt
Seite 96: Haribo-Werbeplakat aus den 1950er Jahren; die gezeigten Süßwaren sind teilweise nicht mehr auf dem Markt
Seite 104: Bäuerin aus Heppenbach, Belgien, nach der Tagesarbeit
Seite 112: Verzehr einer Fertigpizza im Familienkreis
Seite 121: Kantine im Bahnbetriebswerk Konz, um 1952
Seite 128: Eifeler Hochzeitsgesellschaft an der Kaffeetafel
Seite 140: Gesellige Runde im "Piänchen", einem Monschauer Lokal
Seite 150: Beim Kochunterricht in der Landwirtschaftsschule in Neuerburg, 1954/55
Seite 158: Amerikanischer Soldat verzehrt seine Ration bei Schloss Malberg, Kreis Bitburg-Prüm
Seite 166: Im "Sonntagskleid und Stöckelschuhen" beim Eisessen in Waxweiler, Kreis Bitburg-Prüm
Seite 174: Mittagsmahl bei der Kartoffelernte 1920